思齐集

——贵阳市花溪区实验中学教师专业成长论文专辑

主　编／陈桂兰

副主编／张昌彦　吕　烜　叶　建

贵州大学出版社
Guizhou University Press

图书在版编目（ＣＩＰ）数据

思齐集:贵阳市花溪区实验中学教师专业成长论文专辑 /
陈桂兰主编;张昌彦, 吕烜, 叶建副主编. -- 贵阳：
贵州大学出版社, 2022.8
　　ISBN 978-7-5691-0616-9

　　Ⅰ.①思… Ⅱ.①陈… ②张… ③吕… ④叶… Ⅲ.
①中学教育－文集 Ⅳ.①G63-53

中国版本图书馆CIP数据核字（2022）第145112号

思齐集——贵阳市花溪区实验中学教师专业成长论文专辑

主　　编：陈桂兰
副 主 编：张昌彦　吕　烜　叶　建

出 版 人：闵　军
责任编辑：杨　洋　吴亚微
装帧设计：沈钱利　陈　丽

出版发行：贵州大学出版社有限责任公司
　　　　　地址：贵阳市花溪区贵州大学北校区出版大楼
　　　　　邮编：550025　电话：0851-88291180
印　　刷：贵州思捷华彩印刷有限公司
开　　本：710毫米×1000毫米　1/16
印　　张：13
字　　数：244千字
版　　次：2022年8月第1版
印　　次：2022年8月第1次印刷

书　　号：ISBN 978-7-5691-0616-9
定　　价：49.00元

共创美好教育，携手走向未来

"教育者，非为已往，非为现在，而专为将来。"

——蔡元培

"为全体学生美好未来，我愿奉献全部智慧和力量。"这是贵州教师誓词里的一句话，这句话常常激励着我以强烈的责任感和使命感去做一名校长，并从心里认为这是一名教育者理应去做的本分之事。

2002 年 8 月，通过招考，我来到原贵阳市小河区第二中学任初中语文教师。2003 年，我被任命为这所学校的副校长主持学校工作，一年后被任命为校长。在这之前，我一直在厂矿子弟学校的教学一线，担任过初一到高三各年级的语文教师、班主任，也担任过教研组长、年级组长、团委书记等职务，在教学工作中小有成就，也积累了一些学校团队管理的经验。我非常享受在自己的"责任田"里和孩子们一起成长的过程。2003 年，在我三十九岁，从教 20 年之际，我开始了我的校长生涯，一路思，一路行，一路纠结，甚至常常有想从校长岗位上"逃跑"的想法。之所以这样说，是因为我常常感觉还是当一名普通教师更单纯——我最多只管两个班 100 来个孩子，把课上好、把学生教好就行了；而当校长，老师、学生、校内校外各种没完没了的事都需要我去想、去做、去平衡、去沟通……太过复杂，真是一言难尽，为此我常常感觉力不从心。就这样，我在犹豫中、学习中、实践中不断"摆正"自己的位置，不断成长为稍微"像点样"的校长。2013 年，我当校长

10 年之际，很荣幸被推评为"贵阳市首批名校长"，并被聘为贵阳市首批名校长工作室领衔人。2017 年，因为前三年在贵阳市名校长工作室的工作在评估中得到了肯定，我又再次被贵阳市教育局聘为第二批"贵阳市名校长工作室"主持人。连续六年担任"贵阳市名校长工作室"主持人的工作经历，让我感觉到了肩上担负着沉甸甸的期望和责任，也让我收获了和许多校长一起学习、一起实践、一起成长的快乐和自信。2016 年 5 月，我被贵州省教育厅评为贵州省首批初中名校长培养对象，并被聘为贵州省首批初中名校长工作室主持人，2019 年 11 月通过考评成为贵州省首批初中名校长。一路走来，在名校长工作室这个学习共同体中，我和工作室的伙伴们一起研究学校、教师、学生、学情、课程、课堂……一起在教育教学中实践、反思、前行。在教师专业成长的路上，我希望借助工作室的平台和资源，让每一个校长认识到强化对教师的专业支持的重要意义，以此支持和帮助更多优秀教师的成长，以此成就学生的美好，成就教育的美好。

2018 年至今，我校的省市名校长、名师工作室辐射引领达 34 个区、县、市的 30 余所学校，工作室成员、学员及学校骨干教师在送培送教交流研究中与 8000 余名教师美好相遇结伴成长。这样的经历是我教育生涯近 40 年来最重要、最美好的经历。且思且行，我不再纠结，而是在这条路上继续坚毅前行……

记得有一次教育部中学校长培训中心组织我们校长学员参观宝钢集团。"百炼成钢"使我联想到我们在华东师范大学教育学部中学校长培训中心接受培训时的一个环节——"凝练教育思想"。从几十年的教育生涯、近 20 年的校长工作经历中去"凝练思想"，的确是一件复杂和费神的事情，但却是一件必须去做的事。"钢水"只有经过复杂的"淬火"才能成为有形有质有用的"钢"，我们也只有用心细致地梳理我们办学过程中的点滴，再上升到理论的高度去反思实践，才能更清楚地思考"办什么样的教育、怎样办教育、为谁办教育"等问题，才能在未来的办学过程中有更为自觉的、符合教育规律的教育思想和职业修为。

面向未来的教育，一个校长的理想抱负、家国情怀、躬身实践对学校发展、教育质量的提升尤为重要。教育是为党育人，为国育才，学校教育不仅要关注学生个体的发展，更要关注国家、社会对人才的需求。学生在成长过程中获得什么样的"养料"才能健康成长？校本课程如何建设？立足当下实际，学校教育还应该做什么、怎样做，才能"为每一个学生的美好未来做铺垫"？这些问题时刻萦绕在我的脑海中。

面对未来的教育，新时代的教师承担着传播知识、传播思想、传播真理的历史使命，肩负着塑造灵魂、塑造生命、塑造新人的时代重任，是教育发展的第一资源，是国家富强、民族振兴、人民幸福的重要基石。《中共中央国务院关于全面深化新时代教师队伍建设改革的意见》中强调的教师专业化发展战略对新时代的强校目标具有重要指导意义。教师的专业水平和教学效果相辅相成，对教学内容精熟，且具备较高专业技能的教师其教学水平和效能的提升更快、更明显。对于学校而言，教师素质越好，学生的素养就越高，学校的教育教学质量也就越高，从而能更好地助推学校教育教学质量的全面提高。

2018年6月，借贵州省名校长工作室申报专项课题《新时代教师队伍建设与专业化发展的路径研究》成功之契机，贵阳市名校长工作室成员也结合工作实际参与到课题研究中来，欲通过课题的研究与实践切实提升校长的专业素养，建设高素质的校长队伍，并以此促进师德高尚、业务精湛、充满活力的高素质专业化教师队伍的形成，进而不断总结抓教师队伍建设、促教师专业化发展的经验。工作室成员及学员在课题研究的引领下学习《校长专业标准》《教师专业标准》等，通过开展各种形式的研修活动（校际交流、同课异构、主题活动、专家培训、名师示范等），为培养高素质专业化创新型教师队伍搭建目标明确的教师专业发展平台，全面促进教师专业成长。

"见贤思齐焉，见不贤而内自省也。"自主学习、实践探究、共研互学、持续成长……一个教师的专业成长和专业追求应该是始终伴随其职业生涯的。以《思齐集》为本书命名其意就在于此。《思齐集》收集了语文、数学、物理、化学、英语、历史、地理、体育与健康、道德与法制、音乐、信息技术、美术、生物等13个学科的30多名教师的教育教学论文，他们中有省市区各级名师、骨干教师，有省市名师名校长工作室主持人及成员、学员，也有刚入职不久的年轻教师。所写文章皆是他们在教育教学中的实践与思考，也许见识尚浅、思考不深，甚至还达不到"论文"要求的规范性和学术性。但是，这些是他们在教育工作的过程中留下的深深浅浅的足迹，也是他们通向未来的或低或高的阶梯。"笃学"是一种责任，"向善"是一种品格。作为校长，在近 20 年的校长履职中，我陪伴和见证了许多老师"笃学""向善"的成长过程。我希望能有机会把他们成长的点滴记录并留存下来，让他们在回首往事时能更清晰地看到那个曾经努力向上的自己，在不断向上成长的过程中逐渐明了并坚守教育者的使命和责任——"为全体学生美好未来，我愿奉献全部智慧和力量"。我希望和老师们一起，在使命和责任的明了和坚守中"静下心来教书，潜下心来育人"，在经年累月中沉淀为师的学识、睿智、涵养以及家国情怀，执着于对教育理想的追求而勇于超越自我，满怀对美好明天的憧憬，带领一群又一群的孩子走向美好未来。

愿每一个老师都能以自己的美好促成学生的美好、教育的美好、未来的美好！

最后，特别感谢张昌彦老师在本书结集过程中对文案的收集、整理与审核所付出的辛劳！感谢叶建老师、吕烜老师对文稿的校对！感谢这本书的所有参与者们，谢谢你们！

陈桂兰

2022 年 7 月 25 日

目　录

第一编　专业教学

第二编　立德树人

第三编　教育管理

第一编　专业教学

焦点讨论法在语文阅读教学中的运用探究

陈桂兰

贵阳市花溪区实验中学

　　语文阅读教学是语文教学中的重要内容。阅读教学是拉近学生与作者情感距离、丰富学生语言、积累培养学生语言思维的重要途径。一方面，在语文阅读教学实践活动中，教师运用焦点讨论法对学生阅读进行引导，能帮助学生更快、更好、更加深入地了解阅读内容；另一方面是通过教师的阅读问题的设计，使学生掌握阅读的方法和思路，进而促使学生在阅读学习中更好地理解知识、更好地和文本对话，创设主题阅读的情境，保障阅读教学的效果，为提高学生阅读能力和阅读水平提供有效支持。

　　在语文阅读教学中，学生阅读主体地位能否得到发挥，个性化阅读和差异化阅读能否实现，是阅读真正发生的显性评价依据。我们在阅读课常常看到的是，学生的阅读往往是被动地跟着教师的"读"和"思"走，阅读教学对学生主体独立探究能力的培养，学生个性化阅读、创新性思维等均欠缺有效的展现平台。

　　一个人的阅读史就是一个人的精神发育史。在培养学生语文实践能力的教学过程中，阅读是一个最为基本和重要的环节。阅读是运用语言文字获取信息、认识世界、扩展思维、获得审美体验的重要途径。阅读教学是学生、教师、教科书编者与文本对话的过程。2022 年版义务教育《语文课程标准》

（以下简称"语文新课标"）倡导"少做题、多读书、好读书、读好书、读整本书，注重阅读引导，培养读书兴趣，提高读书品味"。语文新课标在总目标第 5 条提出了要达到"学会运用多种阅读方法，具有独立阅读能力"的阅读教学目标。围绕总目标，在第四学段（7—9 年级）的"阅读与鉴赏"9 个目标达成的教学过程中，我们尝试用焦点讨论法来引导学生更清晰、更有效地阅读文本，从而提高学生独立阅读、领悟文本作者情感的能力。

一、关于焦点讨论法

焦点讨论法是一种引导学习的方法，是一种实用工具，也是一种思维方法。

焦点讨论法包括"O-R-I-D"四个层面，依次涉及四个思维层面：客观性层面（Objective），处理信息和感官的觉察；反应性层面（Reflective），有关个人的反应和联想；诠释性层面（Interpretive），关于意义、重要性和含义；决定性层面（Decisional），关注解决方案。

"焦点讨论法为学生提供了一种持续连贯的思考的过程，有结构地告诉学生如何围绕某一主题进行清晰的思考。"这种方法在语文阅读教学中的恰当运用，有助于教师成为学生学习的引导者，引导学生有效阅读，提高学生的阅读自主能力。

二、焦点讨论法在语文阅读教学中的运用

新课标围绕"文化自信、语言运用、思维能力、审美创造"四个核心素养来体现课程性质，反映课程理念，确立课程目标。9 项阅读目标中，对阅读的方法、速度、内容、数量、质量等都提出了明确的要求，且以附录的形式列出了"优秀诗文背诵推荐篇目"及"关于课外读物的建议"（皆考虑到经典作品对学生人生观、世界观、价值观的影响和引领）。教师要对阅读目标逐条研究，然后在教学实践中科学规划，因"文"施教、因材施教，以使阅

读目标有效达成。例如阅读目标是："欣赏文学作品，能有自己的情感体验，初步领悟作品内涵，从中获得对自然、社会、人生的有益启示。对作品中感人的情景和形象，能说出自己的体验；品味作品中富有表现力的语言。"新课标"教学建议"部分提出教师应"根据学生需求提供学习支持，引导学生在完成任务、解决问题的过程中积累语文学习经验，发展未来学习和生活所需的基本素养"。

1.以七年级《太空一日》阅读教学中运用焦点讨论法引导学生有效达成教学目标为例。

《太空一日》阅读教学引导设计

适用对象：七年级学生

情境：七年级学生要学习《太空一日》这篇课文，关于太空的相关知识已通过网络、图书等进行了资料查询，对中国从神州 5 号到最近的神州 14 号载人飞船有所了解。

理性目标：学生结合已查询的知识，阅读全文并能概括主要内容；能清楚知道文中写了哪些事，并通过这些事让学生看到了一个什么样的人；让学生讨论文中的人和事，有自己的评价和体验。

体验目标：对未知的太空以及人类的探索有所了解。

讨论设计

开场白：《太空一日》究竟讲了一个什么样的故事呢？一天的太空经历，都发生了些什么事？

客观性问题：故事的主人翁是谁（什么人）？在太空的一天他经历了哪些事？然后呢？再然后呢？

反应性问题：你读到他所经历的哪些事，你的头脑里出现了哪些画面？印象最深的是作者对哪件事的描述，找出其中你印象最深的词和句。

诠释性问题：读完这篇文章后，主人翁在你心里是一个什么样的形象？为什么？对于太空知识，你最感兴趣的是什么？

决定性问题：未来的学习生活中，你认为这篇文章中的哪些内容会对你产生影响，你会怎么做？

结束语：假如你有机会遇到杨利伟，你会向他提出一个什么样的问题？大家想好之后写在练习本上，下堂课提交然后各小组进行分享。

围绕单元阅读教学任务群设置某篇文章的阅读教学目标，从客观性问题、反应性问题、诠释性问题、决定性问题四个层面由点到面、由浅入深地进行引导，创设阅读情境，引导学生带着思考和文本对话、和自己对话，尽可能帮助学生通过教师的引导产生个性化的真实阅读体验。

2. 以学生阅读课阅读交流设计为例

七年级第二学期期末读书交流会

情境：一个学期即将过去，学生在老师引导下有一些阅读体验，本节课以小组为单位，给学生提供阅读分享交流的机会。

理性目标：向他人推荐自己读过的书，倾听他人的读书分享。

体验目标：阅读是一件让人有"想法"的开心事。

讨论设计

开场白：我们每个同学本学期都读了自己所选择的课外书，现在我们以小组为单位从以下四个层面来进行读书分享和交流。

客观性问题：你看了哪些书？你今天要向大家推荐的书是哪一本？这本书令你难忘的内容是什么？

反应性问题：在看这本书时，哪些内容让你惊讶、不安、紧张、害怕、感动......（描述你的感受），哪些内容让你联想到了自己的生活或有认同感？

诠释性问题：你觉得你可以从书中学到什么？

决定性问题：你觉得这本书中的哪些内容可能会让你有所改变？你想推荐谁看这本书？或者说下一本书你想看哪一本？

结束语：分享和交流让我们从其他人的阅读中也有所收获，分享和交流让我们感觉到自己不止读了一本书，并且对读其他书还有期待。

　　设计这样的交流分享，目的仍是突出学生阅读的主体地位，使学生能从中感受到阅读的乐趣并喜欢阅读。初中生课外阅读的数量和质量在很大程度上是受到语文教师教学方法和指导方法的影响。因此，教师在指导学生课外阅读时应当改变以往的观念，致力于创设阅读情境进行阅读导向，培养学生课外阅读的意识和兴趣，提升学生的阅读能力，将语文阅读教学的目标落到实处。

浅析通过探究性实验建构气体制取的模型

——以二氧化碳制取的研究为例

范美菊

贵阳市花溪区实验中学

初中化学是一门基础性的自然学科，开展化学实验是学生获得知识的最主要方法。在实施新修订的义务教育化学《课程标准》中也强调了要加强初中化学实验在教学中的有效性研究，使其成为认知化学现象、规律以及探索未知化学世界的有效手段。近年来，贵州省加大了对学生化学实验开展的重视，定期对化学实验室的使用，对演示实验、学生实验的开展进行督导。在中考改革后，贵阳市明确规定2018级及以后的初中毕业生都将实行实验操作技能测试，可见国家、社会、地方、学校对化学实验的开展是很重视的。如何落实好探究性实验教学，改善学生学习化学或者解答化学问题"纸上得来终觉浅"的情况，以及建构化学原理的学习模型等，成为化学老师教学中的一个重点和难点。本文以"二氧化碳制取的研究"为例，旨在帮助学生构建制取气体的思路和模型。

"二氧化碳制取的研究"这一课题选自义务教育教科书人教版九年级上册第六单元课题2，本节课在全书乃至整个化学学习过程中，占有十分重要的地位，它对培养学生今后在实验室中制取气体时，能够合理选用药品、正确进行装置设计、有序地开展实验并能对实验进行改进等方面都有着深远的影响。本文遵循由简单至复杂的原则，让学生能够通过对比选择合适的实验用品，设计实验，从而有序开展实验，并通过分析氧气和二氧化碳的实验室制法形成实验室制取气体的一般思路和方法。

一、初中阶段化学探究性实验有效教学存在的问题

探究性实验开展得好不好，关键还是看是否达成"有效教学"。所谓"有效教学"，是指通过实验教学，使学生产生学习的兴趣，学生掌握了相应的知识，与原有的认知重组内化，建构有个人特征的知识系统，建立起学习一类物质的思维模型。

出现探究性实验教学时效性不好的情况，往往是以下几个问题没有处理好造成的。

（一）硬件设施上配置不足

很多学校并没有及时补充开展实验所必需的药品，仪器报损后也没有及时补充。例如，制取二氧化碳需要用到的稀盐酸管制型药品，如果教育主管部门不定期统计各学校的需求，及时配备，学校和老师根本无法采购到相应药品。这给开展有效的课堂实验教学带来很大的困难。

（二）老师陈旧的教学理念

虽然国家大力推广和实施素质教育改革和新课程标准，但是很多初中化学教师依然存在着传统的教育理念和教学思想，以"应试教育"作为教学目标开展初中化学实验教学，导致化学实验教学出现"应试实验"的情况。应试实验的教学方式主要变现为：教师在实验教学的过程中认为"做实验不如讲实验，讲实验不如背实验现象和结果"。例如在讲解"二氧化碳制取的研究"这一节内容时，通过让学生机械记忆反应的原料、反应的原理就以为达成了教学目标。没有让学生动手去操作实验，亲身感受不同的药品发生反应

后会有什么不一样的地方，并能基于各种对比选择出最佳药品。这种封闭式的教学方式，没有充分地将化学实验的教学效果体现出来，也没有使学生的化学实验知识得到丰富，这样的教学方式不利于学生获取知识，也不利于初中化学的教学效果提升。

给学生开展探究性实验，需要老师提前做足准备。明确探究目的、过程及实验所需的药品、仪器，这些准备会耗费老师们大量的精力与时间，有的老师怕麻烦，那么很可能学生实验就演变成了演示实验，或是观看视频或者笔头记忆了。所以，改变教育观念，老师得勤快起来，探究性实验的开展才有保障。

（三）探究性实验教学的目标过于重视知识层面，缺乏"建模"思维培养

教学中，有的老师没有为学生设计有效的学习模型，学生只是简单地照着教材做实验，导致一节课下来收获并不大；有的老师为了节约时间，让学生通过观看视频来了解实验表达的观点；更有甚者，通过机械的记忆实验现象，推测结论，或者通过结论去推测现象，根本没有给学生动手操作的机会。当学生遇到更深层次的问题时，学生的脑海里没有实验的模型，就会出现沮丧、自卑的情绪。

二、初中化学探究性实验有效教学策略

初中化学的学习是为后期学习更深入的知识打下基础，它的生活化非常高，学生接受起来比较容易。基础知识的传授是基本，但是，作为深耕化学教学多年的我认为，培养学生的探究能力、分析与解决问题的能力和建模的能力能够帮助学生激发起学习化学的兴趣。

（一）提高初中化学教师对探究性化学实验开展的重视程度

教师观念的改变，才能在教学上有所突破。老师应该走进教材，同时又

要跨越教材，带领学生以探究性实验的形式，去拓展学生思维，让学生通过动手设计实验，进行实验，用直观的感受去认识化学实验是解决化学问题最常见、最有效的方法。并且形成学习一类物质和变化的一般思路和方法，建立起认识物质变化的模型，通过这个模型，从具体到一般的思路去解决其他问题，培养学生发散性思维。

（二）在探究性实验教学中去培养学生动手、思考、建模的能力

化学实验之所以在化学教学中有着非常重要的地位，其中一个重要的作用就是能够使学生通过亲自动手并观察实验现象，总结实验结果，在这基础上对化学理论和化学反应原理进行认真探究和分析，从而真正地将化学知识学活。实验的过程充分调动学生的思想和行动去学习化学知识，使得学生能够将化学知识学得更加深刻，掌握得更加牢固。所以我们在进行化学实验的过程中，应充分地培养学生的探究性学习能力，让学生进入化学实验室以后，就能够积极地开动大脑，充分地观察化学实验过程中的每一个细节，在不断地思考、分析、总结的过程中学习化学知识。教师应该在化学实验的过程中充分地培养学生的思考和探究能力，使学生在化学实验中养成积极思考、主动探究的良好习惯，从而提高学生学习化学知识的能力，建立学习一类物质的思维模型。"二氧化碳制取的研究"这一节的内容我通过学生书写已知的能够产生二氧化碳的化学方程式，引导学生简要分析这些化学反应是否适合用于制备二氧化碳，初步教会学生如何合理地选择化学物品及设备。再通过探究活动，对比碳酸钠粉末与稀盐酸、石灰石与稀硫酸、石灰石与稀盐酸这三组实验，通过观察现象，选择最理想的一组药品，形成原材料选择的一般思路。通过引导学生复习氧气的实验室制取，结合阅读教材，整理出气体制取的一般思路，并通过多套种类不同的卡纸（剪裁成各类仪器）让学生以小组活动形式进行拼接，组装出多套制取二氧化碳的装置，小组内派代表展示成果，说明这样选择的优缺点。最终，引导学生选择出一套理想的装置。在这个环节，不仅可以带领学生复习制取气体时的各项注意事项，也可以让学生认识不同装置的利弊，内化出气体制取时选择装置的一般思路。

三、小结

本课题的教学目标是：通过探究比较，找出实验室制取二氧化碳的理想原料；了解实验室制取二氧化碳的装置；通过分析氧气和二氧化碳的实验室制法知道实验室制取气体的一般思路和方法。通过学生的自主预习，让学生写出相关的化学方程式，从而引入课题。通过剪纸粘贴设计二氧化碳的制取装置，让学生将发生装置与收集装置展示出来并描述为什么这样选择，这一过程不仅培养了学生的语言描述能力，还锻炼了学生的动手能力、合作探究能力，为他们搭建了制取气体的思维模型。今后遇到这一类问题，学生就能做到胸中有思路，有步骤，不迷茫。

初中数学教学如何渗透学科核心素养

方伟民

贵阳市花溪区实验中学

初中数学有六大核心素养：数学抽象、逻辑推理、数学建模、数学运算、直观想象、数据分析。初中数学的教学要紧紧围绕核心素养这一中心，关注学生思维发展，让学生体会核心素养的重要性，时刻关注在初中数学教学中学科核心素养的渗透。

一、如何渗透数学抽象

数学抽象是数学的基本思想，是形成理性思维的重要基础，反映了数学的本质特征，贯穿在数学的产生、发展、应用的过程中。

初三时候，我们会学习一元二次方程，我们都知道，$\Delta = b^2 - 4ac$ 是判断一个一元二次方程 $ax^2 + bx + c = 0(a \neq 0)$ 根的依据。

当 $b^2 - 4ac > 0$ 时，方程有两个不同的实数根；

当 $b^2 - 4ac = 0$ 时，方程有两个相同的实数根；

当 $b^2 - 4ac < 0$ 时，方程没有实数根。

我们知道，当 $b^2 - 4ac < 0$ 时，方程是没有实数根的，但是方程有没有根呢？实际上，方程是有根的，只是不是实数根，而我们在高中阶段才会

学习虚根。在高中，我们会学到实数和虚数统称为复数，此时数的范围更广了。

在高中，我们规定：$i^2 = -1$，可知，当 $b^2 - 4ac < 0$ 时，方程也有两个不相等的虚根。

于是就可以在数的范围内解答一元二次方程：

【例1】 $x^2 + 2x + 3 = 0$

【解】 $x^2 + 2x + 3 = 0$

$$\therefore x = \frac{-2 \pm \sqrt{4 - 4 \times 3}}{2} \quad 即：\quad x = -1 \pm \sqrt{-8}$$

运用 $i^2 = -1$ 得：$x = -1 \pm \sqrt{8i^2}$

$$\therefore x_1 = -1 + 2\sqrt{2}i, \quad x_2 = -1 - 2\sqrt{2}i$$

教师在教授学生时，可以把这块内容适当渗透一下，提高学生的数学好奇心和学习兴趣，活跃学生的思维能力，让学生在数学抽象核心素养的形成过程中，积累从具体到抽象的活动经验。也让学生能更好地理解数学概念、命题、方法和体系，一元二次方程三种根的情况，能让学生通过抽象和概括去认识、理解、把握事物的数学本质，从而逐渐养成良好的思考问题的习惯。

当然，这里也并不仅仅只有数学抽象这一核心素养的渗透，也有数学运算、数学建模、数据分析、直观想象等核心素养的渗透。可见数学的核心素养是相辅相成的。

二、如何渗透逻辑推理

逻辑推理是得到数学结论、构建数学体系的重要方式，是数学严谨性的基本保证，是人们在数学活动中进行交流的基本思维品质。

初三上学期，我们会学习相似。其中有一道题目非常的有意思：

【例2】如图，已知点 B，C，D 在一条直线上，$\angle B = \angle ACE = \angle D = 90°$，

求证：△ABC∽△CDE。

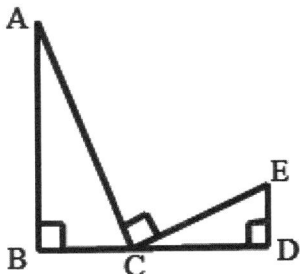

【分析】这个题目思路非常清晰，∵∠ACB+∠DCE=90°，∠E+∠DCE=90°，∴∠ACB=∠E；（等量代换），再加上这两个三角形都有一个90°的角，根据有两个角对应相等的三角形是相似三角形进行判定，这两个三角形就相似了。

细心的同学会发现，这也是一道母体，通过这个题目，我们可以变换很多形式，其中的一类变式就是：把三个90°换成120°，其余不变，结果还成立吗？如果把三个90°换成60°呢？换成其他角度呢？如下图：

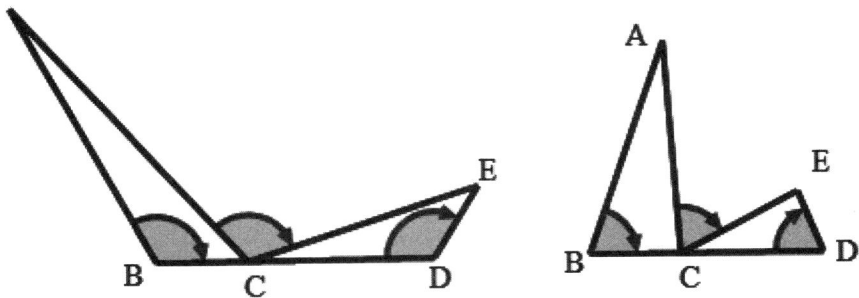

我们发现，不管换成什么角度，在这个模型下，运用同样的思路思考，只要这三个角是一样的度数，结论都是成立的。我们也可以给这样的模型一个称呼：3α模型。

在初一下学期学习三角形全等时候，是不是也有一样的模型？

【例3】如图，已知点B，C，D在一条直线上，∠B=∠ACE=∠D=90°，AC=AE

求证：△ABC≅△CDE。

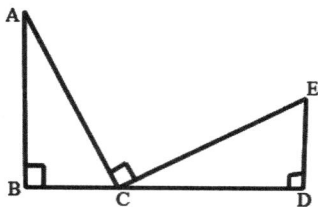

这里也有类似的情况出现，三个 90° 换成任意角度，也都是可以的。

在逻辑推理核心素养的形成过程中，学生抓住关键点，发现问题和提出命题，能掌握推理的基本形式，表述论证的过程，已经非常不错了。学生如果能理解数学知识之间的联系，建构知识框架，形成有论据、有条理、合乎逻辑的思维品质，那么此时，数学核心素养的渗透就达到目的了。

当然，此处不仅有逻辑推理的核心素养，也有数学建模、数据分析、直观想象等核心素养的渗透。

三、如何渗透数学建模

数学模型是构建数学与外部世界的桥梁，是数学应用的重要形式。数学建模是应用数学解决实际问题的基本手段，也是推动数学发展的动力。

我们在学习七年级下册《生活中的轴对称》的时候，在《简单的轴对称图形》的习题中，有一个题目是这样的：

【例4】如图所示：要在街道旁修建一个奶站，向居民区 A，B 提供牛奶，奶站应建在什么地方，才能使 A，B 到它的距离之和最短？

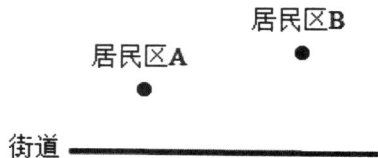

【分析】这道题就是运用轴对称的性质来解决的一道题目。先找 A 关于街道的对称点 A′，根据两点之间，线段最短和轴对称的性质，连接 A′B，A′B 的长度就是最短距离。

【解】如图，做 A 点关于街道的对称点 A'，连接 $A'B$，线段 $A'B$ 与街道的交点 P 即为奶站。奶站建在点 P 处，$AP+BP$ 的和才是最小的。

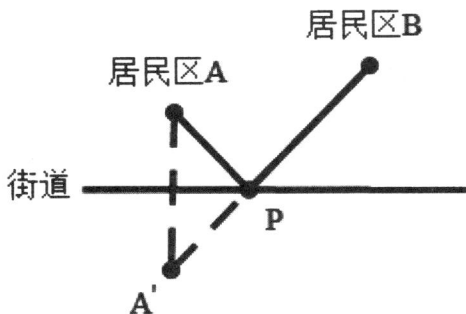

同学们初看觉得很难，但是认真分析轴对称性质后，思路就跃于脑中了。于是，我们建立了这样的一个模型来解决这个问题，我们可以运用这个模型解决很多类似的问题，如：

【练习1】如图，菱形 $ABCD$ 的两条对角线的长分别为6和8，点 P 是对角线 AC 上的一个动点，点 M，N 分别是 AB，BC 边的中点，则 $PM+PN$ 的最小值是_____。

【练习2】如图，正方形 $ABCD$ 的面积为12，$\triangle ABE$ 是等边三角形，点 E 在正方形 $ABCD$ 内，在对角线 AC 上有一点 P，使 $PD+PE$ 的和最小，则这个最小值为_____。

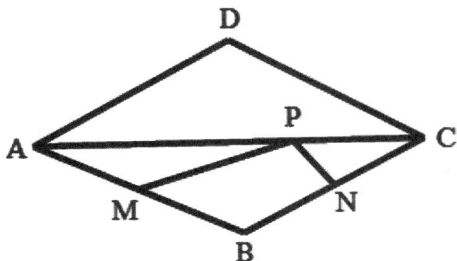

练习1题图

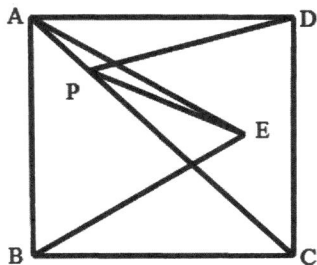

练习2题图

【解】运用轴对称最小值的模型，易知这两题的做法和答案。

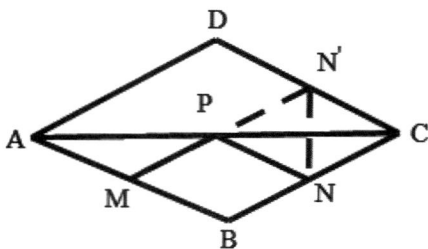

练习1答案

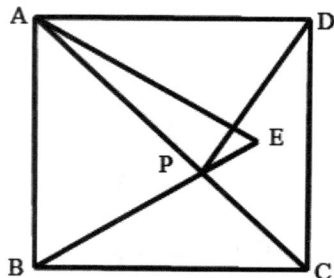

练习2答案

【参考答案】第1题：__5__；第2题：__$2\sqrt{3}$__；

在数学建模核心素养的渗透过程中，积累用数学模型解决实际问题的经验。让学生能够在实际情境中发现和提出问题；能够针对问题建立数学模型；能够运用数学知识求解模型，并尝试基于现实背景验证模型和完善模型；能够提升应用能力，培养思维能力，增强创新意识。

当然，这里并不仅仅只渗透数学建模的核心素养，还有数学抽象，逻辑推理，直观想象等核心素养渗透其中。

四、如何渗透数学运算

数学运算是指在明晰运算对象的基础上，依据运算法则解决数学问题的过程。数学运算是数学活动的基本形式，也是演绎推理的一种形式，是得到数学结果的重要手段。

但是数学运算不仅仅只是数字的运算，也是字母、公式的运算。我们在七年级下学期的第一章节《整式的乘除》中，涉及不少的运算公式，比如：

同底数幂的乘法：$a^m \cdot a^n = a^{m+n}$（m，n都是正整数）；

幂的乘方：$(a^m)^n = a^{mn}$（m，n都是正整数）；

积的乘方：$(ab)^n = a^n b^n$（m，n都是正整数）；

同底数幂的乘法：$a^m \div a^n = a^{m-n}$（m，n都是正整数）；

这些公式同学们都会运用，可是书中却没有给出这些公式的逆运算。而这些公式的逆运算也是要求学生掌握的：

同底数幂的乘法逆运算：$a^{m+n}=a^m \cdot a^n$（m，n都是正整数）；

幂的乘方逆运算：$a^{mn}=(a^m)^n=(a^n)^m$（m，n都是正整数）；

积的乘方逆运算：$a^n b^n=(ab)^n$（m，n都是正整数）；

同底数幂的乘法逆运算：$a^{m-n}=a^m \div a^n$（m，n都是正整数）；

根据等号的互逆性，此处渗透数学运算的核心素养，学生在这一章节的学习中，思路会非常清晰，思维也十分敏捷，自信心也提升了。

在数学运算核心素养的渗透过程中，学生能够进一步发展数学运算能力；能有效借助运算方法解决实际问题；能够通过运算促进数学思维发展，养成程序化思考问题的习惯；形成一丝不苟、严谨求实的科学精神。

当然这里不仅有数学运算的核心素养的渗透，也有数学建模、逻辑推理等数学核心素养渗透其中。

五、如何渗透直观想象

直观想象是指借助几何直观和空间想象感知事物的形态与变化，利用图形理解和解决数学问题的过程。

直观想象是发现和提出数学问题、分析和解决数学问题的重要手段，是探索和形成论证思路、进行逻辑推理、构建抽象结构的思维基础。

在七年级上册第一章中有"正方体展开图"一节，要求学生自己动手对正方体进行展开，学生展开的方式不一样，得到的展开图也是不一样的。通过学生动手操作，发现有 11 种展开图。通过动手直观操作出来的情况，我们可以引导学生进行想象，还原正方体。

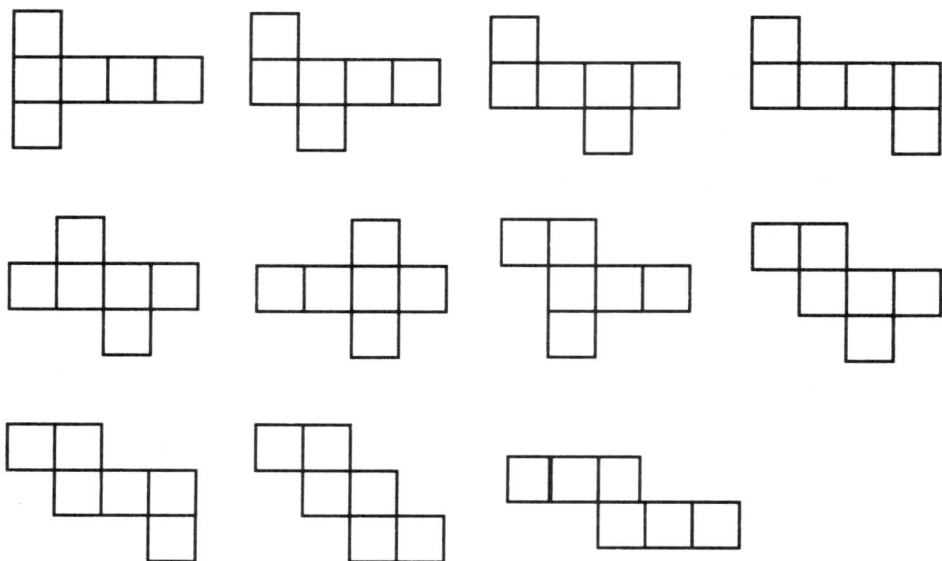

正方体的 11 种展开图

学生在想象还原过程中，能够分清哪两个面是相对的，也可以将此种想象延伸到长方体的展开图。这些都是在向学生渗透直观想象的核心素养。

在直观想象核心素养的渗透过程中，教师引导学生进一步发展几何直观和空间想象能力，以增强运用图形和空间想象思考问题的意识，让学生感悟事物的本质，提升数形结合的能力。

六、如何渗透数据分析

数据分析是指针对研究对象获得相关数据，运用统计方法对数据中的有用信息进行分析和推断，形成知识的过程。

数据分析是大数据时代数学应用的主要方法，已经深入到现代社会生活和科学研究的各个方面。

数据分析在我们做数学题过程中，时时刻刻都在体现，让学生抓住题目的关键点，也就是在渗透数据分析的核心素养。

在数据分析核心素养的渗透过程中，学生能够提升数据处理的能力，增强基于数据表达现实问题的意识，养成通过数据思考问题的习惯，积累依托数据探索事物本质、关联和规律的活动经验。

学生的学科核心素养的培养是关键，围绕这个问题，教师传授知识的时候，要把学科核心素养渗透放在最高位置，提出一些思维含金量高的问题，让学生能够体会、抓住问题的关键。如此才能一步步提高学生的数学能力，思维能力，让学生更清晰、更合理、更深入地思考问题，数学成绩定能更上一层楼。

用克拉伯龙方程解变质量理想气体问题

穆朝放

贵阳市花溪区实验中学

"变质量"问题是热学中一类典型问题。利用克拉伯龙方程 $(PV = nRT)$ 解决变质量理想气体问题，简洁、直观、高效。

理想气体状态方程 $PV = nRT$ （Ideal Gas Law），又称克拉伯龙方程，是描述理想气体处于平衡态时，压强、体积、物质的量、温度关系的状态方程。它建立在玻意耳－马略特定律、查理定律、盖－吕萨克定律等的基础上，由法国科学家克拉伯龙（Benoit Pierre Emile Clapeyron）于 1834 年提出。

克拉伯龙方程描述的单物质在一阶相变相平衡时候物理量的变化方程，即定量分析单物质在摩尔数相同时，物质体积（V）、温度（T）与压强（P）的关系。

高中物理热学中有一类"变质量"理想气体问题，通常的解法是"化变为恒"，即将变质量问题转化为恒定质量问题，应用理想气体状态方程求解。但这种解法过程抽象，对分析问题能力和解决问题能力要求较高，是学生学习"热学"的难点。但用克拉伯龙方程 $(PV = nRT)$ 解决变质量理想气体问题，直接对各个状态写方程，无需考虑理想气体是否"质量一定"，处理起来简洁、高效。$PV = nRT$ 方程中， P, V, T 是描述理想气体的三个状态参量，$R = 8.31 J \cdot mol^{-1} \cdot K^{-1}$ 是普适气体常数，n 是气体物质的量，即摩尔数。由 $PV = nRT$ 可知，对质量一定的理想气体，有：

等温变化：$PV = C = nRT$；

等压变化：$\dfrac{V}{T} = C = \dfrac{nR}{P}$；

等容变化：$\dfrac{P}{T} = C = \dfrac{nR}{V}$；

理想气体状态方程：$\dfrac{PV}{T} = C = nR$。

变质量问题分为两类："质量增加（充气问题）"和"质量减少（抽气问题）"。

1. 充气问题

（1）始时，容器内原有理想气体，压强 P_1、体积 V_1、热力学温度 T_1、对应理想气体物质的量（摩尔数）n_1、对应空气质量 m_1，有 $P_1V_1 = n_1RT_1$，得 $n_1 = \dfrac{P_1V_1}{RT_1}$。

（2）现用注射器向容器内注入理想气体，注射器每次注入理想气体压强 P_0、体积 V_0、热力学温度 T_0、对应理想气体物质的量（摩尔数）n_0、对应空气质量 m_0，有 $P_0V_0 = n_0RT_0$，得 $n_0 = \dfrac{P_0V_0}{RT_0}$。

（3）终时，容器内气体压强 P_2、体积 V_2、热力学温度 T_2、对应理想气体物质的量（摩尔数）n_2、对应空气质量 m_2，有 $P_2V_2 = n_2RT_2$，得 $n_2 = \dfrac{P_2V_2}{RT_2}$。

满足上述要求，需要用注射器注射理想气体次数为：

$$N = \dfrac{n_2 - n_1}{n_0} = \dfrac{P_2V_2T_1T_0 - P_1V_1T_2T_0}{P_0V_0T_1T_2}。$$

例1（2019年全国 I 卷）热等静压设备广泛用于材料加工中。该设备工作时，先在室温下把惰性气体用压缩机压入一个预抽真空的炉腔中，然后炉腔升温，利用高温高气压环境对放入炉腔中的材料加工处理，改善其性能。一台热等静压设备的炉腔中某次放入固体材料后剩余的容积为 $0.13 m^3$，炉腔抽真空后，在室温下用压缩机将 10 瓶氩气压入炉腔中。已知每瓶氩气的容积为 $3.2 \times 10^{-2} m^3$，使用前瓶中气体压强为 $1.5 \times 10^7 Pa$，使用后瓶中剩余气体压强为 $2.0 \times 10^6 Pa$；室温温度为 27 ℃，氩气可视为理想气体。

（1）求压入氩气后炉腔中气体在室温下的压强；

解析：令每次注射器注入氩气摩尔数为 n_x，使用 10 瓶氩气，由有 $PV = nRT$：

注射氩气前，炉腔中真空，无理想气体。

每瓶氩气使用前，有 $\left(1.5 \times 10^7\right) \cdot \left(3.2 \times 10^{-2}\right) = n_0 RT$（1）

每瓶氩气使用后，有 $\left(2.0 \times 10^6\right) \cdot \left(3.2 \times 10^{-2}\right) = n_0^1 RT$（2）

由式（1）、（2）得 $n_0^1 = \dfrac{2}{15} n_0$.

故每瓶每次注入炉腔氩气摩尔数为 $n_x = n_0 - n_0^1 = \dfrac{13}{15} n_0$。　　　　（3）

全部压入氩气后，分析炉腔中气体压强为 P_x，有

$$P_x \left(0.13\right) = \left(10 n_x\right) RT \text{（4）}$$

由式（1）、（4）得 $P_x = 3.2 \times 10^7 Pa$。

2. 抽气问题

（1）始时，容器内原有理想气体压强 P_1、体积 V_1、热力学温度 T_1、对应理想气体物质的量（摩尔数） n_1、对应空气质量 m_1，有 $P_1 V_1 = n_1 RT_1$，

得 $n_1 = \dfrac{P_1 V_1}{RT_1}$。

（2）现用抽气机从容器内抽出理想气体，抽气机每次抽出理想气体压强 P_0、体积 V_0、热力学温度 T_0、对应理想气体物质的量（摩尔数）n_0、对应空气质量 m_0，由 $P_0 V_0 = n_0 R T_0$，得 $n_0 = \dfrac{P_0 V_0}{RT_0}$。

（3）终时，容器内气体压强 P_2、体积 V_2、热力学温度 T_2、对应理想气体物质的量（摩尔数）n_2、对应空气质量 m_2，有 $P_2 V_2 = n_2 R T_2$，得 $n_2 = \dfrac{P_2 V_2}{RT_2}$。

满足上述要求，需要用抽气机抽出理想气体次数为：

$$N = \frac{n_1 - n_2}{n_0} = \frac{P_1 V_1 T_2 T_0 - P_2 V_2 T_1 T_0}{P_0 V_0 T_1 T_2}$$

例 2（2016 年全国 II 卷）一氧气瓶的容积为 $0.08 m^3$，开始时瓶中氧气的压强为 20 个大气压。某实验室每天消耗 1 个大气压的氧气 $0.36 m^3$，当氧气瓶中的压强降低到 2 个大气压时，需重新充气。若氧气的温度保持不变，求这瓶氧气重新充气前可供该实验室使用多少天。

解析 由理想气体克拉伯龙方程 $PV = nRT$ 得，

抽气前，瓶中理想气体摩尔数为 n_0，有：$(20) \cdot (0.08) = n_0 RT$（1）

每天耗氧摩尔数为 n_x，有 $(1) \cdot (0.36) = n_x RT$（2）

瓶中氧气不可再用时，剩余氧气摩尔数为 n_2，有

$(2) \cdot (0.08) = n_2 RT$（3）

由式（1）、（3）有 $n_2 = \dfrac{n_0}{10}$，氧气瓶中氧气共可耗

$$\Delta n = n_0 - n_2 = \frac{9}{10} n_0 \quad (4)$$

由式（1）、（2）有 $n_x = \dfrac{9}{40} n_0$。（5）

故瓶中氧气可使用 $\dfrac{\Delta n}{n_x}=4$ ，即可使用 4 天。

地理空间思维能力提升中几何图形的运用

符可培

贵阳市花溪区实验中学

随着教育教学改革的不断开展与深化，应试教育逐渐转变为素质教育，要求学生全方位的发展。初中地理教学过程为知识的全面学习过程，该学科具有较强的学科性和方向性，空间思维能力是地理学科的核心能力之一。教师在地理教学中应该结合学生的特点、地域特征和学科教学需要，运用一定的教学手段和方法，帮助他们提高地理空间思维能力，从而更好地认识和理解人类生存的空间，激发学生的学习兴趣，提高其学习能力。

一、核心概念的界定

地理空间思维能力是人对地理事物、地理现象和地理图像的观察、分析、综合、比较、概括、抽象，从而在头脑中形成它们的空间形象，进行空间位置判定，确定空间分布状态并进行排列、组合，分析它们在空间上进行的物质、能量、信息的传递、交换和交流，比较它们的差异点和共同点，及对它们的空间属性进行多个维度思考的心理过程。

几何思想是数学中最重要的一类思想，暂时的数学各分支发展都有几何化趋向，即用几何观点及思想方法去探讨数学的各种理论。几何图形，即从实物中抽象出的各种图形，可帮助人们有效的刻画错综复杂的世界。生活中到处都有几何图形，我们看见的一切都是由点、线、面等基本几何图形组成。

在一定程度上，进行学科相关知识的渗透，如：将几何图形的识别和绘制运用在初中地理教学环节中，便能极大地提高初中生地理空间思维能力，将抽象思维转化为形象思维，解决初中地理教学中的难题。

二、国内外研究现状、研究价值和意义

目前，国内外关于地理空间思维能力培养策略的研究并不多。国外为数不多的涉及地理空间思维能力的研究主要包括对地理空间思维能力内涵的探讨、不同年龄阶段学生的地理空间思维能力发展水平以及地理空间思维能力的性别差异研究等方面。而国内的许多文章更多的是提出借助地图直观教具，通过现代教学手段创设教学情景，利用有效提问等措施培养学生地理空间思维能力，而在运用几何图形研究空间思维能力上更多的是局限在数学学科或高中地理教学部分，目前，在初中教学中并没有相关研究。

有学者认为地理空间思维能力受制于三大因素：一是个体本身的形象思维和抽象思维能力；二是个体在进行想象前所积累的知识和已经具有的空间概念；三是将要被定位的这些事物本身的某些时空特征。第一和第二两个因素，既受先天禀赋的制约，也受后天培养的影响，它属于个体本身的因素，也是个体本身的素质的体现，是培养空间思维能力的内因，因而教师对其施加的作用很小。然而，第三个因素是外因，是教师发挥其作用的主要方面。所以，教师在教学方法的选择上，要考虑初中生抽象思维薄弱的特点，用更加直观的教学手段和方法，将复杂的概念和图形进行重要信息的提取，用以提高学生的理解能力和空间思维能力，促进其有效学习。

三、研究成果

　　根据地理学科的特点，通过多年的初中地理教学，我发现在我国初中地理教学中，教师对学生地理空间思维能力的培养还不够重视，使得学生学习地理学科的兴趣和积极性不高。空间思维能力的缺乏是学习地理的最大障碍，很多学生对于地理尤其是自然地理充满了恐惧，从而丧失学习地理的兴趣，这对我们地理教学工作的开展十分不利。之前也有教师借助地球仪、地图等直观教具进行教学，但效果均不理想，于是，我结合初中生的思维特点，找出初中生在形成空间思维中存在的问题，尝试将数学学科中的几何图形运用到初中地理课堂教学中，将复杂的经纬网定位、地球运动、等高线的识别等抽象概念进行图形的转化，通过点、线、面的结合将学生难以理解的三维图像转化成二维图形，突出关键信息，以更加直观的方式在学生的头脑中形成图形构建。通过一段时间的尝试、观察和反馈，学生不仅增添了学习兴趣，还提高了知识的理解能力，形成了空间概念，对地理方位的判断，重要信息的提取，事物之间逻辑关系的转换都有了很大的提高。

初中语文分层教学初探

高　宇

贵阳市花溪区实验中学

因材施教也是今天教育教学中必须遵循的一个重要原则，不同层次的学生对教学有不同的要求。分层教学则适应不同层次学生的文化基础和学习心理，有利于提高学生的自觉性。由于同一层次的学生学习基础差异小，对教师教学要求趋于一致，有利于教师分层教学和辅导。教师分层教学充分体现了因材施教原则，教学内容和方法符合各层次学生的实际接受能力。笔者对分层教学的课堂模式进行大胆尝试，有以下几点体会。

所谓"分层教学"，就是根据大纲和教材要求，在一个班内针对不同类型学生的接受能力设计不同层次教学目标，提出不同层次的学习要求，给予不同层次的辅导，进行不同层次的检测，从而使各类学生分别在各自的起点上选择不同的速度，获取数量、层次不同的知识信息。作为一位初中语文教师，在教学实践中要不断尝试各种方法来激发学生学习语文的兴趣，提高学生的语文素养。通过教学实践证明，在初中语文教学中运用"分层教学法"是提高学生语文水平的有效方法。

一、学生分层

学生分层是开展分层教学的前提，笔者根据学生的认知与心理水平，将学生进行分层，分成学习小组，当然，学生分层不是一成不变的，依据学生的发展可以灵活调整。在教学过程中，学习小组要相对集中，并在组长的组织下开展讨论与学习。据此，我们可将教学目标细分为三个层次：A 层生智力因素和非智力因素都较好，基础知识扎实，各方面的能力较强，学习积极主动。B 层生情况复杂些，占大多数，有的学生头脑聪明，但学习不够自觉，不够努力；有的学生学习比较勤奋刻苦，但学习方法欠佳。C 层生就是常说的后进生，语文基础知识较薄弱，领悟力差，学习较被动，自觉性差。

二、因材施教，对症下药

对 A 层生着重培养创造能力，侧重进行创造性思维训练。引导他们将所学的知识加深加宽，听、说、读、写全面培养，尽量做到"海阔凭鱼跃，天高任鸟飞"。如让他们当堂进行词语的造句，当堂进行课文中短篇小说的续写训练。这些学生常常得到教师的重视、表扬，得到同学的尊敬、羡慕，心理承受力往往较差，受不了挫折和批评，易产生骄傲或反抗心理。为了使优者更优，教师不仅要肯定他们的优点和成绩，对于缺点和不足，更应及时给予批评帮助。

对 B 层生着重调动他们学习语文的积极性和主动性，激发他们学习语文的兴趣。鼓励他们向 A 层生学习，防止变为 C 层生。在课堂上多为他们提供表现的机会，设计难度中等的问题让他们回答，给他们机会朗读课文，指导他们掌握学习语文的科学方法，树立学好语文的信心。

培养 C 层生学习的自觉性，提高班级成绩的及格率。对语文基础知识较薄弱的学生，教师应及时辅导帮助，补好基础；对于没有养成专心听课和认真做作业的习惯、学习自我约束力差的学生，教师应着重培养他们必要的心理品质和学习习惯；对于学习能力较差的学生，教师讲新课时开始要慢一些，多运用直观形象的教学方法。教师要为 C 层生创造取得成绩的情境，如适当降低作业的难度，降低评分标准等，让他们学有所得，学有所乐。

三、问题解决分层

教学就是让每个学生都能得到发展，因此在课堂上，问题解决先要想到"学困生"，努力寻找他们的闪光点，表扬鼓励，树立他们解决问题的自信心。再提问中等生，利用回答不足之处，将问题展开，深入下去。重难点突破时，要发挥优等生的优势，以带动全体学生的深入理解。

作业是实现知识迁移，能力形成的重要途径。笔者设计多层次的练习供不同层次学生选择，所选定内容由易到难形成阶梯。易题，学困生必须做！中优生可选做。较易题，中等生必做，"学困生"和优等生可选做。难题，"学困生"可不做，中等生可试做，优等生必做。

四、作业分层

笔者在课堂上尽量以发展"学困生"和中等生的学习能力为主，那些优等生剩余的学力怎样充分利用，让他们也同样尽其所能的发展呢？我根据多年的经验，每周设一节语言趣味课，20 分钟，专门辅导阅读和写作，又专门开办班级文学周刊。同时积极鼓励他们参与作文竞赛、语文基础知识竞猜、校报的编写。实践证明，这让他们找到了用武之地。

五、作文教学实施分层递进，努力提高学生作文水平

分层递进作文教学的科学依据。学生的知识基础是有差异的，如果忽视或无视学生的个别差异性，按同一要求、同一尺度对不同层次的学生实施统一的作文教学，就可能使一部分学生因为作业过于轻松而抑制了个性发展；

另一部分学生则难以甚至不能按时按质完成所布置的作文。分层递进作文教学，就是面对有差异的学生，实施有差异的作文教学。

分层递进作文教学的主要内容：①学生的分层。根据学生的知识基础、学习能力将全班学生分成高、中、低三个层次，教师不仅要心中有数，而且应记录在案，但不宜向学生公开，否则有可能助长"高层"学生的傲气，挫伤"低层"学生的自尊心，增加他们的心理压力。②训练的分层。作文是一种综合性的能力，它不仅包括对写作知识的把握，写作技巧的运用，书面语言的表达能力等方面，还包括对事物的观察能力，而且它是独立的、带有创造性的复杂劳动。作文的单项训练，如描写某个景物，刻画一个人物的外貌等都要对层次不同的学生提出不同层次的要求。③评价的分层。为了培养学生的自尊心和自信心，实施分层递进作文教学，一般以纵向对比的自我评价方法作为评价学生的手段。

六、学习成绩考查与评定

对不同层次的学生采用不同的评价标准，对后进生采用表扬评价，寻找其闪光点，及时肯定他们的点滴进步，调动他们学习的积极性；对中等生采用激励性评价，既揭示不足又指明努力的方向，促使他们积极向上；对优生采用竞争性评价，坚持高标准、严要求，促使他们更加严谨、谦虚，不断超越自己。

总之，语文分层教学能适应不同层次学生的学习语文的实际，使学习困难的学生增强了自信心，提高了学习成绩，学习成绩中等的学生有了长足的进步；学有余力的学生在学习的广度和深度上有所拓展，充分体现了"以学生发展为主体""面向全体学生""促进每一个学生的发展"的教育理念。

初中数学分层作业探究

邹福泉

贵阳市花溪区实验中学

作业是教学效果的一个有效检验途径，作业设计的好坏直接影响学生对所学知识的巩固和掌握情况。初中数学作业设计中普遍存在"一刀切"等问题，为了贯彻落实国家的"双减"政策，如何布置初中数学作业是当下迫于需要解决的问题之一。

《初中数学新课程标准》指出："人人学有价值的数学，人人都能获得必须的数学，不同的人在数学上得到不同的发展。"教育家孔子曾提出：育人要"深其深，浅其浅，益其益，尊其尊"，即主张因材施教，因人而异。

一、初中数学作业设计的必要性

教育心理学研究及教学实践都告诉我们：中学生在生理发展和心理特征上的差异是客观存在的，这就要求教师必须从学生的实际出发，调整课堂结构，改进教学方法。很多初中数学教师布置作业存在诸多问题，例如：作业机械、重复性较多，忽视学生学习能力的差距，形成"一刀切"的局面等。因此，分层设计初中数学作业在教育教学活动中有着重要的意义。

二、初中数学的作业设计方法

1. 设计不同层次的作业

（1）依据学生的学习能力分层

第一层次为学习能力好的学生，第二层次为学习能力中等的学生，第三层次为学习能力暂时落后的学生。教学时，给学生布置不同难度的作业，并采取不同的评价方法。在实际操作中，可以依据学生的发展和变化，适时改变学生的分组情况。

（2）依据作业的难易程度分层

把作业按内容划分为基础、提高、创新三级目标，要求不同能力的学生努力实现自己的目标。基础好的学生需要完成全部目标，基础中等的学生完成基础题和提高题，暂时落后的学生只需要完成基础题。当然也要鼓励不同层次的学生完成更高一级的目标。分层的好处是使学生可以在自愿的前提下自主选择，以满足不同层次学生的需要。

例如：练习 1. 下列函数中哪些是反比例函数？

① $y = 3x$　　　　② $y = \dfrac{3}{x}$　　　　③ $y = \dfrac{x}{3}$　　　　④ $y = \dfrac{1}{3x}$

⑤ $y = 3x^{-1}$　　　⑥ $xy = 3$　　　　⑦ $y = \dfrac{k}{x}(k \neq 0)$　　⑧ $y = \dfrac{k}{x}$

变式训练：若 $y = (m-2)x^{3-m^2}$ 是反比例函数，则 m ＝_____。

练习 1 让暂时落后的学生完成；变式训练由基础中等的学生完成。

（3）依据完成作业的时间差异分层

把作业内容分为必做题和选做题，根据学生完成作业时间的长短，为不同层次的学生布置适量的作业。完成较快的学生可以完成必做题和选做题，这样能够为基础好的学生提供更多独立思考的机会。作业时间较长的学生只需完成必做题，这样能有效解决暂时处于落后学生"吃得了"的问题。

2. 错题反复做，典型题目创新做

（1）错题反复做。

学生的错题反馈了学生所学知识的薄弱处，困惑处，需要强化反复做，这样便于学生对知识再认知，错题反复做能帮助学生强化对所学知识的理解，纠正学生的错误认知。

（2）典型题目创新做。

教师可将典型题目改编，例如，改变题目的条件，改变题目中的数据，交换题目的条件和结论等，进行一题多变，进行一题多解，逐渐增加难度，达到做一题会一类题的目的。让学生真正掌握知识的本质。

例如：将贵阳市 2015 年中考数学第 22 题改编：如图，一次函数 $y=x+m$ 的图像与反比例函数 $y=\dfrac{k}{x}$ 的图像相交于 A（2，1），B 两点。

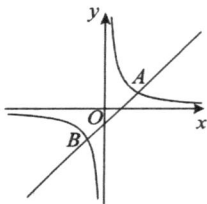

问题 1：若点 P（1，y_1），Q（2，y_2）在反比例函数图像上，则 y_1_____y_2（填 "＞"、"＜" 或 "＝"）。

变式训练：

问题 2：将 P（1，y_1），Q（2，y_2）中的 1 变 x_1，2 变 x_2，且 $x_1 < 0 < x_2$，则 y_1 与 y_2 的大小关系是_____。

问题 3：若 $x_1 < x_2 < 0$，则 y_1 与 y_2 的大小关系是_____。

问题 4：若图像上有三点（x_1，y_1）、（x_2，y_2）、（x_3，y_3），且 $y_1 > 0 > y_2 > y_3$，则 x_1，x_2，x_3 的大小关系是_____。

变式训练体现一题多变的复习方法和策略，体现了举一反三，触类旁通的解题思想。其中问题 1 和变式训练问题 2 由暂时落后的学生完成；变式训练问题 3 由基础中等的学生完成；变式训练问题 4 由基础好的学生完成。

总之，为了贯彻落实 "双减" 政策，我们要在作业上多下功夫，在数学作业的布置和设计上多研究，多反思和总结，努力探索出符合学生实际情况的一套高效的数学作业。

关于初中数学课堂导入的探究

李孟起

贵阳市花溪区实验中学

以新课标为理论指导，课堂教学中对课堂导入越来越重视，良好的课堂导入不仅可以在较短的时间内捕捉学生注意力、激发他们的兴趣与求知欲，而且可以让学生清楚地认识到这节课的教学目标与学习任务、建立起知识之间的联系，对课堂教学起到"抛砖引玉"之效。因此，如何设计有效的课堂导入成为广大数学教师必须面对的问题。良好的开端是成功的一半，精彩的课堂导入可以激起学生高涨的热情和强烈的求知欲望从而提高教学质量。而课堂导入有很多方式，教师在教学中应根据课程内容来选择恰当的课堂导入方式，这样才能让课堂教学取得事半功倍之效。

一、理论基础

在彭小明的《课堂教学技能训练》一书中提到课堂导入的方法可大致概括为 8 种：开门见山导入、复习旧知导入、活动游戏导入、质疑设疑导入、文学手段导入、实物模型导入、现代技术导入、艺术手段导入。同时，有研究表明，一节 40 分钟的课可以分为三个阶段，在课堂 10 分钟左右是学生思维逐渐集中的阶段，在课堂的 10 至 30 分钟左右是学生的最佳思维阶段，而到课堂最后 10 分钟，学生的思维注意力逐渐分散。这是因为随着教学时间的延长，学生的学习任务会越来越繁重，如果没有足够的精力来进行新知识的探索，就很难达到预期效果。由此可见，根据授课内容及学生特点进行课堂导入在整个课堂上尤其重要，它是课堂教学不可忽视的环节。

二、课堂导入存在的问题

1. 不重视课堂导入环节

许多教师都觉得初中教学任务紧张，认为一节课的关键在于课堂的主体内容，为了赶教学进度，想要在 40 分钟的课堂中争分夺秒给学生注入更多的知识。认为"花里胡哨"的导入是耽误时间的表现，因此不进行课堂导入，直接进入新课，让学生感到疲惫，被动学习，长此以往，学习兴趣得不到激发。

2. 导入形式过于单一

每堂课都以"昨天我们学习了什么？大家一起来回顾一下，今天我们要学的内容是……"虽然教师的目的是希望学生回顾旧知，但长期单一的复习导入导致学生对于新课没有期待，对课堂失去新鲜感，导致学生在课堂中缺乏学习兴趣，学习效率较低。

3. 时间过长、导入内容偏离目标

如今信息技术走进课堂，当多媒体为我们提供便利的同时，教师为了使课堂更精彩抓学生眼球，在导入时展示大量的图片和一些较长的视频，导致课堂导入就用去了 5 分钟以上，而在图片和视频中出现的一些其他元素反而引起学生的私下讨论，分散了课堂注意力，影响课堂教学进度，从而无法按照原计划完成教学任务。这样的导入，忽略数学学科自身的特点，使得整节课没有明确的教学目标。

4. 课堂导入注重形式，忽略了实际教学效果

导入流于形式，忽略学生主体地位，课堂中，师生间的一问一答看似氛围热烈，实则学生缺乏思考。

三、有效的课堂导入设计

1. 类比导入

以初中数学八年级下《分式的加减法》教学为例，教师尝试了如下教学导入策略：一是利用旧知引出新知。二是运用新旧知识构建知识结构。让学生类比分数与分式，体验分数与分式的联系与区别。这节课老师可以关于分数的加减运算法则为导入，引申问题是分式的加减如何运算？随后教师指导学生通过类比分数的加减法则来总结概括分式的加减法，学生不需要死记硬背，就可以快速地掌握分式的运算，从而达到事半功倍的效果。以旧知识作为引入，对新知进行指导剖析，有助于学生构建基于原有认知的新认知结构，能够促进学生数学认知水平的提高。

2. 信息技术结合游戏导入

以《轴对称现象》的教学为例，利用希沃白板上的配对游戏，将游戏设置为中国京剧脸谱左右脸谱配对。教师请学生到讲台上找到脸谱的另外一半，并思考这些脸谱有什么共同的特点？在这样一个课堂引入下可以迅速抓住学生的注意力，激发学生的兴趣。让学生在游戏中形象、直观地感受图形的对称，同时将中华民族传统文化贯穿于数学教学中，让学生体会对称之美，培养了学生的美育，彰显新课标数学的核心素养。

3. 设置悬念导入

在七年级下册《有理数的乘方》这一课的教学中，可以结合课本上的内容作为导入，"假如有一张纸，厚度是 0.1 毫米，我们将它对折一次，两次，三次，四次……一直折到二十次，这张纸的厚度可以达到二十层楼的高度，假如折到三十五次就可以达到珠穆朗玛峰那么高，大家相信这个说法吗？"说完这个悬念之后，学生还可以结合动手操作，让学生带着质疑亲自用纸折叠验证，在操作的过程中学生发现随着折纸次数的增加，折纸会出现困难，如果用乘法或加法来计算就会变得特别烦琐，这时就可以引出有理数的乘方。在课堂中设置悬念，让学生产生这种困惑和渴望，而对于带有悬念标题的导入则必须与教学内容密切结合，否则会使得课堂导入环节脱离实际教学而导致学生的思维集中在其他地方，要求教师在课堂教学中要灵活又巧妙地将导入内容与教学目标结合，从而达到激发学生的学习兴趣，提高课堂学习效率，拓宽学生思维的目的。

4. 活动操作导入

例如在学生学习三角形内角和定理时，我们的课堂导入可以通过让学生回顾小学时学习三角形的内角和是多少度，以及我们如何用剪纸的方法来验证三角形的内角和。事先让学生准备一个用纸片做的任意的三角形。这时老师提出问题"如何验证一个三角形的内角和是 180 度？"有的学生可能会用量角器来验证，有的学生将三角形的三个内角剪下来拼在一起，发现他们所拼成的图形是一个平角。学生会发现测量和拼图会存在误差且不具有普遍性。为了方便后续的教学，教师也可以提前准备一个磁吸三角形，让学生再到黑板上动手操作，增强课堂的互动性。随后，教师可抛出问题，仅凭拼图等实物验证是不够的，需要经过严格的论证。此时，教师可将黑板上剪拼的过程转化为数学模型，引导学生证明。学生在亲自动手操作中进行猜想，验证。发展学生的数学思维，让学生体会数学的严谨性。

5. 故事导入

处于青少年阶段的学生对于小故事的兴趣尤为浓厚，尤其是在课堂上，若用趣味小故事或者历史小故事作为数学课的开端，就可以在短时间内迅速抓住学生的注意力和好奇心，对于开展后续的教学起到促进的作用。例如，在北师大版初中数学八年级上册勾股定理这一章节的学习中，我们可结合教材上的"读一读"中的古代的有关勾股定理的小故事作为课堂引入，可以介绍一些西汉的数学著作《周髀算经》中有关勾股定理的小故事。在轻松有趣的故事情境中，学生可以了解勾股定理的来源，激发学生的数学学习兴趣，感兴趣的学生甚至会在课后查阅更多关于勾股定理的其他证明方法。

以上列举的几种课堂导入方式，都是根据所对应的课型来选择的，我们数学课的课型包括概念课、命题课、解题课与习题课等，而我们不同的课型并没有固定的导入方式，教师在教学过程中可结合实际情况灵活地选择并综合应用，以达到高效的课堂导入效果，更好地服务于课堂教学。有效的课堂导入，不只是单一的某一种导入方式，而是遵循着切题、灵活、有趣、新颖、精炼、启发、探究的原则。一个优秀的课堂导入可能兼具上述特征，这是一节成功的数学课之根本，既能激发学生的兴趣，唤醒其学习动机，提高课堂教学效率，更是一节课堂成功的关键。

巧解三视图

叶　建

贵阳市花溪区实验中学

三视图指的是主视图、左视图和俯视图。从正面看到的图叫主视图，从左面看到的图叫左视图，从上面看到的图叫俯视图。针对部分学生在解决三视图问题时，由于其空间想象能力有所欠缺，不能对三视图问题进行正确的分析。笔者联系实际，对近年来一些大小相同的小正方体组成的简单几何体的三视图典型实例问题进行分析，总结一些可以解决问题的技巧，以达到解决问题的目的。

下面就一些大小相同的小正方体组成的简单几何体的三视图问题进行分析。

一、给出立体图形确定其三视图

例1，如图是由八个相同小正方体组合而成的几何体，不属于这个几何体的主视图、左视图和俯视图的是（　　　）。

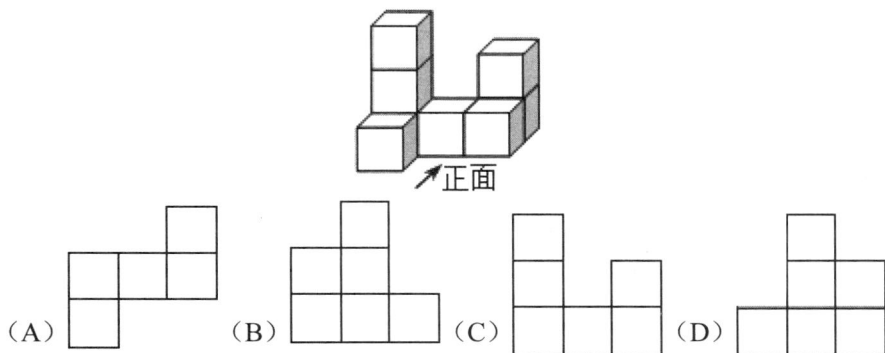

解：从正面看，该几何体有三行，下面一行有 3 列，第二行有 2 列分列两侧，第三行有 1 列在左侧，所以主视图为（C）；从左面看，该几何体有三行，下面一行有 3 列，第二行有 2 列且位于左侧，第三行有一列在中间，所以左视图为（B）；从上面看，该几何体有三行，中间一行有三列，下面一行有 1 列在左侧，上面一行有 1 列在右侧，所以俯视图为（A）；因此，此题应选（D）。

二、给出俯视图及每个位置上小正方体的个数确定另两种视图

例 2，如图是几个相同的小正方体堆成立体图形的俯视图，小正方体上的数字是该位置上的小正方体的个数，请画出该几何体的主视图和左视图。

解：由于俯视图有三列，所以主视图（由下往上看）也有三列。又由于俯视图的第一列、第二列、第三列中最大数字分别为 4、2、3，所以主视图的第一列、第二列、第三列分别应有 4 个、2 个、3 个小正方形，因此主视图如下图：

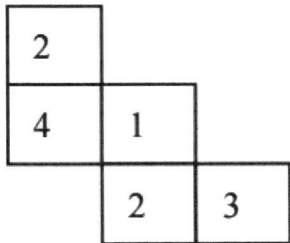

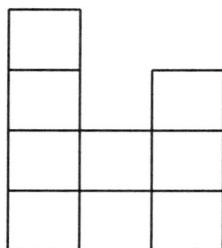
主视图

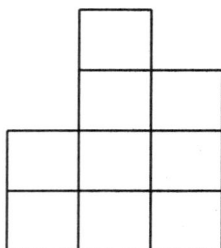
左视图

由于俯视图有三行，所以左视图（由左往右看）也有三列。又由于俯视图从上往下数第一行、第二行、第三行中最大数字分别为2、4、3，所以左视图从左往右数的第一列、第二列、第三列分别应有2个、4个、3个小正方形，因此左视图如上图。

三、给出两种视图确定第三种视图，并确定几何体中小正方体的个数的所有可能值

例3，由一些大小相同的小正方体组成的简单几何体的主视图和俯视图如下图：

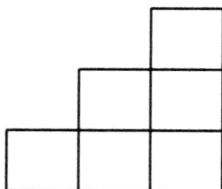
主视图

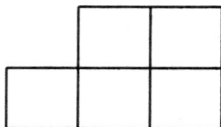
左视图

（1）请你画出这个几何体的一种左视图；

（2）若组成这个几何体的小正方体的块数为n，请你写出n的所有可能值。

解：（1）由于主视图有三列，所以左视图有三行；由于俯视图有两行，所以左视图有两列。因此左视图一共有五种情况（分别对应俯视图中小正方体的个数如下图解）：

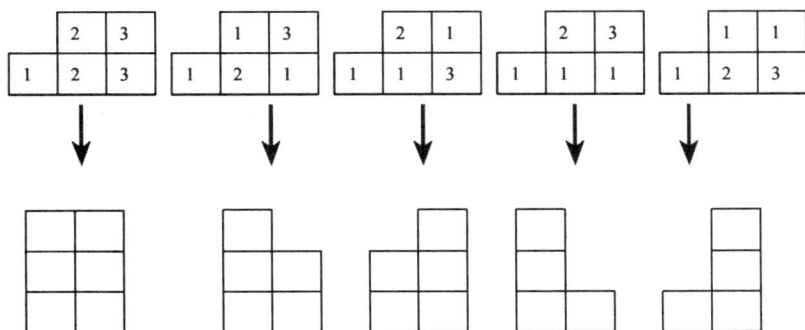

（2）观察主视图往俯视图的各个小正方形处填上该处正方体叠加的个数：从主视图来看，俯视图第一列的小正方形只能填 1；俯视图第二列的两个小正方形中必须有一个填 2，另一个可填 2 或 1；俯视图第三列的两个小正方形中必须有一个填 3，另一个可填 3 或 2 或 1。于是 n 的最大值为：1+2+2+3+3=11，最小值为 1+2+1+3+1=8，因此的 n 所有可能值为 8、9、10、11。

例 4，用小正方体搭一个几何体，使它的主视图和左视图如图所示，则组成这个几何体的小正方体最少是（   ）。

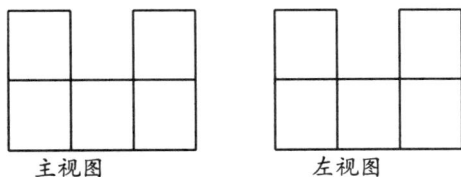

主视图   左视图

解：从主视图和左视图看，俯视图可以为三行三列，第一行、第二行、第三行均最少可以为 1 列，中间行至少 1 列由 1 个小正方体组成，第一行最少有 1 列在右侧，由 2 个小正方体组成，第三行最少有 1 列在左侧，由 2 个小正方体组成，因此这个几何体的小正方体最少是 5 个小正方体。俯视图如下图：

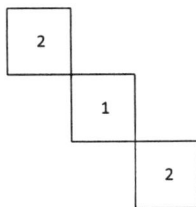

四、给出三视图确定几何体中小正方体的个数
（此时小正方体的个数是固定的）

例5，下图是由一些相同的小正方体搭成的几何体的三视图，那么搭成这个几何体的小正方体的个数是（　　）。

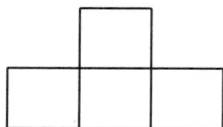

主视图

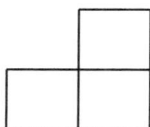

左视图

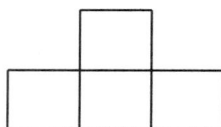

俯视图

（A）7个　　　　（B）6个　　　　（C）5个　　　　（D）4个

解：从主视图看，从左往右第一列和第三列都只有一个小正方形，所以俯视图第一列和第三列的小正方形都只能填1；主视图第二列有两个小正方形，所以俯视图第二列的两个小正方形中必须有一个填2，另一个填2或1，再从左视图看，从左往右第一列有一个小正方形，所以俯视图上面一行的小正方形只能填1，因此俯视图下面一行的第二列的小正方形只能填2。于是可得俯视图为：

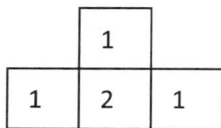

因此搭成这个几何体的小正方体的个数是5个。

给出三视图中两种视图确定几何体中小正方体的个数有时解可能不止一种，而是有好几种，这类比较复杂，但只要认真分析，也很容易解决。

信息技术与初中英语课堂教学的有效整合

李妮芳

贵阳市花溪区实验中学

我们的生活在互联网时代社会中不断地发展与进步，现代信息技术也得到了很大的发展和改进，我们人类的生活节奏和方式在这过程中已悄然得到了改变，校园里传统单一的"填鸭式"教学模式尤其显得毫无生机。初中时期对于学生的英语学习来说，是一个非常重要的阶段，我们极其注重培养学生的学习兴趣，发展学生自主的学习能力。在初中英语课堂教学活动中，有效地整合利用信息技术，能够使传统的课堂模式得到很好的改革。我们把信息技术与英语课堂教学进行有效整合，不仅可以优化教学活动，使教学内容更加丰富，还可以使学生的积极主动性得到激发，思维能力得到促进发展。

一、信息技术与初中英语课堂教学整合的作用与意义

1. 激发学生学习英语的兴趣

学生学习的内在动力就是兴趣，在学习活动中，只有拥有浓厚的兴趣，学生才会更加自觉主动地学习。早先包括现在有些偏远地区，初中英语课堂教学模式比较传统，教师一般只是通过领读、讲读课本这种单一的"填鸭式"教学模式，导致课堂给学生的感觉基本都是枯燥无味。随着科技互联网

的不断发展，教师们应逐渐学习将信息技术运用到英语教学课堂上，在信息技术以及多媒体素材的帮助下，将枯燥的书本知识与信息技术有效融合，让抽象的知识变得形象具体，学生的感官得到刺激，注意力受其吸引，能够很快地提高学习兴趣，在英语学习中变得更加投入。

2. 拓展学生的学习模式

以往的英语课堂上，学生的学习模式及渠道非常单一，只有教师的教授。英语并不是我们的母语，我们没有充分的学习环境和空间，学生们得到的应用实践训练就很受局限。一旦我们将高科技的信息技术与课堂教学进行有效整合，学生们可以通过微课、学习网站等方式得到更多实践对话训练的机会，语言学习环境就会丰富起来，英语语感将会得到充分的训练。

3. 优化英语活动过程

信息技术与初中英语课堂教学进行有效整合的受益者不仅有学生还有教师。教师对教学手段及过程进行拓展和优化后，再对学生进行知识讲解时，教学效率和质量可以得到有效提高。

二、信息技术与初中英语课堂教学过程的整合

1. 利用信息技术创设教学情境

传统教学中教师更多注重学生听、读、写，在目前新课改的前提下，我国更加注重学生将知识在实际生活中的实践运用。我们在实际教学中，对教学情境的创设一定要重视，从实际出发，利用信息技术，给学生营造极富体验感的教学情境。例如，在七年级课本 *I'd like some noodles* 的讲解中，教师利用信息技术的多媒体，通过图片、视频形式展示不同的餐馆以及餐馆的食物。教师在教室里创设类似的情境，通过角色扮演，将课本知识在情境实践中得到重现。

2. 利用信息技术突出英语教学重点

信息技术的模式多种多样，将文字、图片、声音、图像充分结合，是一种新型的教学方法。传统教学中课本上枯燥的知识点，在多媒体的辅助下，

变得生动形象，更加直观。例如，我们在讲解八年级课本中"The weather"这一部分时，教师在备课时，利用网络资源找到多种天气的图片和视频。不同的天气通过不同的多媒体形式展示体现，让原本抽象的知识更加直观，这不仅提高了学生的学习兴趣，学习起来也倍感轻松，能够很快地掌握重点难点，教师也能轻松达到教学目标。

三、信息技术与初中英语课堂教学内容的整合

1. 词汇教学

在新课标要求下，初中学生的词汇量必须达到1500个，不仅如此，有些课本对词组量也有要求，学生的学习任务还是较为繁重的。在以往的传统教学中，教师只会通过单一的领读模式，以及死记硬背的方法去学习记忆单词。但是在词汇量要求加大时，这种方法只会降低学习效率。教师如果利用信息技术，在学生记忆单词时，将相关联的单词进行联系达到迁移记忆的效果，就能提高学习效率。并且在多媒体的帮助下，学生对单词音形义的学习变得更加容易。

2. 语音教学

初中英语教学的重点就是语音学习。在英语整体教学目标的完成过程中，语音学习的质量起到了至关重要的作用。可是大多学生却极其不喜欢语音的学习过程，原因不外乎枯燥乏味。这就对教师对信息技术与教学的融合提出了挑战，教师要展开思路，灵活利用信息技术，给语音教学添加趣味性，不仅可以提高学生的学习兴趣，还可以让学生的语音发音的准确性得到提高。例如，教师们都知道音标的教学非常乏味无趣，但是如果利用多媒体动画，就可以让学生们看到各个音标发音的形象过程，学生们学习起来如同在看科普动画一样，会感到轻松有趣。

3. 语法教学

初中英语教学的重点除了语音学习，还有语法知识。我们从学生时期走来，内心深处都会对语法的学习较为苦恼，理解不充分，掌握不牢。现代教

育中，教师在信息技术辅助的优势下，可以重组课本里的语法知识，把相关知识点进行集中总结，将设计进行优化，学生们学习掌握起来会更加容易。比如我们在讲解多种时态时，一定要运用多媒体创设生活情境，在情境中能够有最直接的体验和感悟，进而能更好地理解掌握各种时态的运用。

现如今，将信息技术与初中英语教学进行有效的整合，有着深刻重大的意义，我们要勇于面对，顺应这个必然趋势，积极学习现代信息技术，将其与教学充分整合，创新各种教学模式，让英语课堂变得轻松愉快，更好地完成教学目标，达到更完善的学习效果。

在化学实验中培养学生的科学探究与创新意识

李姝蓉

贵阳市花溪区实验中学

化学是一门以实验为基础的学科。在中学化学教学中，充分利用"以实验为基础"的基本特征，通过实验教学可以激发学生学习化学的兴趣，帮助学生形成化学概念、认识化学规律、理解和巩固化学知识，提高学生获得知识和实验技能。化学课程标准中指出：在教学中创设以实验为主的科学探究活动，有助于激发学生对科学的兴趣，增进对科学的情感。引导学生在观察、实验和交流讨论中学习化学知识，学生通过亲身经历和体验科学探究活动，学习科学探究的基本方法，能提高学生的科学探究能力。化学核心素养指出：认识科学探究是进行科学解释和发现、创造和应用的科学实践活动，能发现和提出有探究价值的问题。能从问题和假设出发，确定探究目的，设计探究方案，进行实验探究，在探究中学会合作，面对"异常"现象敢于提出自己的见解。通过科学探究激发学生的主动性和创新意识，促使学生积极主动地学习，使其获得化学知识和技能的过程也成为理解化学、联系社会生活实际和形成科学价值观的过程。2022 年版义务教育化学课程标准指出：认识实验是科学探究的重要形式和学习化学的重要途径，能进行安全、规范的实验基本操作，独立或与同学合作完成简单的化学实验任务；能主动提出有探究价值的问题，从问题和假设出发确定探究目标，设计和实施探究方案，获取证据并分析得到结论，能用科学语言和信息技术手段合理表述探究的过程和结果，并与同学交流；能从化学视角对常见的生活现象、简单的跨学科问题进行探讨，能运用简单的技术与工程的方法初步解决与化学有关的实际问题，完成社会实践活动；在科学探究与实践活动中，能根据自己的实际情况制订学习计划，开展自主学习活动，能与同学合作、分享，善于听取他人的合理建议，评价、反思、改进学习过程与结果，初步形成自主、合作、探究的能力。因而在教学中我们要挖掘和开发化学实验在探究性学习中的功能，在实验过程中培养学生创新意识和创新能力，使学生改变学习方法形成终身学习的习惯。笔者拟对在实验教学中进行探究性学习并培养学生创新意识的有关问题做初步的探讨。

一、利用教材资源进行探究实验，培养学生的创新意识

化学的实质在于探索实验和分析推理。化学教学过程中，化学实验探究是一项非常重要的内容。课堂教学中教师可以充分利用教材上现有的教学资源，将教材中的某些验证性实验改为探究性实验，通过师生、生生间的探究和实施，将学生带入科学探索的情景中，使学生处于一种主动探索知识的状态，这对激发学生的创新欲望、培养学生的创新意识起到积极的作用。在实验中让每一个学生以轻松愉快的心情去认识多姿多彩、与人类息息相关的化学，积极探究化学变化的奥秘，使学生形成探究意识。学生不仅可以通过实验研究和认识物质，掌握化学基本原理和基本技能，初步学会化学研究的实验方法，还培养了学生的证据推理能力、创新意识，同时培养学生思维的创造性和严谨性，最终形成学科的核心素养。

例如，学习空气中氧气的含量的实验，教材中的装置实验往往达不到实验要求，有明显的误差。演示实验后通过师生共同对实验现象进行分析，得出实验误差分析，然后让学生通过实验误差的分析结果改进实验装置。让学生自主去探究并创新实验，对实验装置进行改进，得到满意的实验结果。从

而理解此实验的原理。再如，质量守恒定律课题 1 中碳酸钠与稀盐酸反应，实验结果称得的数值与质量守恒定律数值不相同。分析原因后学生知道是因为生成物中有气体，气体逸出生成物总质量减轻。根据分析结果让学生对实验装置进行改进，一方面可以培养学生的实验设计和创新能力，另一方面在实验中加深学生对知识的理解和掌握。

通过探究性实验的开展，激发了学生主动积极探索的精神，增强了学生的自信，激活了学生的创新能力。

二、利用不同形式的动手实验，增强学生的创新意识

1. 营造良好的探究性学习氛围

学生对事物有天生的好奇心和探究的愿望，学习的质量很大程度上取决于这种自然倾向的激发。教师应该注意给学生营造宽松、自由的气氛。英国哲学家约翰·密尔曾说过：天才只能在自由的空气里自由自在地呼吸。在进行探究性学习过程中，教师要鼓励学生大胆地提出实验方案，即使是在对学生提出的不全面、不完善的实验方案，也要给予表扬和鼓励，充分肯定学生在提出实验方案过程中的主动参与精神和创新意识。让学生有更多的机会主动地体验探究过程，在知识的形成、联系、应用过程中养成科学的态度，获得科学的方法，进而转变学生的学习方式，使学生积极主动地获取化学知识，激发学习兴趣，培养创新意识和实践能力。

例如，在学习了碳的氧化物—氧化碳和二氧化碳的化学性质之后，笔者便要求学生设计一个实验来证明木炭与氧化铜反应后生成的产物。此时引导学生通过提出问题、猜想与假设，制定计划。制定计划中要求：（1）根据实验原理选择实验所需的试剂、药品；（2）确定实验所需的装置、仪器及连接顺序；（3）尽可能保证实验设计的科学性和严谨性。再进行实验、收集证据、解释与结论、反思与评价、表达与交流等流程，让学生通过亲身经历和体验科学探究活动，激发化学学习的兴趣，增进对科学的情感，理解科学的本质，学习科学探究的方法，初步形成科学探究能力。这一过程中就要求学

生自己去发现问题、去设计、去探索、去创新。布置任务后,给学生一段时间,让学生去思考、讨论、设计实验。之后再组织学生一起对他们的设计方案进行分析、讨论,比较设计方案的可行性和各自的优缺点。选择其中的几组方案由学生自己进行演示,对比较好的方案设计给予肯定和表扬,对于不够理想的方案设计先从中找出闪光点给予肯定,再和学生一起分析其中的不足之处。从而调动各个层次学生的创造积极性,发扬善于合作、勤于思考、严谨求实、勇于创新和实践的科学精神,并培养他们的创造意识和创造能力。

2. 利用演示实验培养学生创新意识

化学实验是一种重要的科学活动,可以把观察、实验控制、收集事实、分析和统计结果等科学方法融于一体。运用实验不但是为了通过有趣、生动的现象来激发学生探索和研究的兴趣,更要让学生结合实验建立化学概念,还要让学生在实验中进一步掌握科学的探究思路和研究方法。实践是创新的摇篮,通过学生自己思考设计实验,既可以培养学生动手动脑解决问题的能力,让学生体验成功的喜悦,又可以培养学生的创新思维能力和创新设计能力。

教材中有许多实验是演示实验,我们可以将一部分演示实验让学生充分参与其中。如:质量守恒定律验证实验中铁钉与硫酸铜溶液的反应、碳酸钠与稀盐酸的反应、二氧化碳的性质实验、溶解时吸热或放热现象以及化肥的简易鉴别等演示实验。这些操作难度不大的演示实验,可以让学生演示。这时无论是实验的参与者还是实验的观察者,学生们的注意力都会更集中,体验也会更深。也可以让学生到讲台前充当教师的实验小助手和教师一起完成演示。

3. 开展家庭实验,让学生多参与

化学课一周的课时相对较少,要上完两本书、进行中考复习、迎接中考,因此在时间上较紧,课堂上无法安排更多的时间给学生进行实验。针对此状况鼓励学生回家利用家中的生活物品进行实验。如:利用饮料瓶动手自制净水装置,体会净水的过程;利用厨房里的食盐、白糖探索溶液的形成,判断饱和溶液、不饱和溶液的状态以及探索两种溶液状态的相互转换方法；测定生活物品的 pH 值，了解生活中的物品，如洗发水、护发液的 pH 值，进而了解为什么洗完头发后要用护发液的原理；了解家中厕所清洁剂和灶具清洁剂的酸、碱性；学习了碳酸钙能与酸反应的知识后，还有学生课余在家就用食醋浸泡生鸡蛋，做了一个无壳鸡蛋；对照食物营养表，让学生对自己的食谱进行分析，研究食谱中营养搭配是否合理，也可以知道挑食、偏食对身体健康的不利。利用彩色黏土自己动手做分子模型，熟悉分子的构成和化学变化的实质。有的学生在网上购买一些实验仪器和药品自己在家动手完成一些有关酸和碱性质的实验；用实验的方法区分厨房中常见的物质，如食盐、小苏打等。

让学生在课外活动中多动手，多参与。引导学生通过观察和实验探究活动，认识物质及其变化。增强实验与实际生活的联系，让学生亲身体会化学在社会中的价值。用五彩缤纷的化学物质和丰富多彩的化学变化，让学生体验化学美，使学生认识学习化学的重要意义。学生可以在自主操作中发现问题，分析问题，并在最终的问题解决中获得提升。一方面培养了学生自主学习的能力，另一方面进一步提高劳模学生的探究创新能力，利用实验给学生提供多角度考虑问题的机会，让学生在解决问题的过程中体验乐趣，感悟知识，从而激发学生的创新精神和培养了学生的创新意识。

三、利用开发性习题, 培养学生的创新意识

开放性习题的答案灵活多样，只要答案合理都是正确的。实践题的解答需要学生查阅资料、设计方案、提出假设、动手实验或调查研究，在此基础上获得结论或提出有关建议。这类习题可以让学生运用已学习过的知识和经验，对问题提出自己的观点。不同能力的学生可以从不同角度，不同层次去解决问题。利用开放性习题可以给学生更多的思考和解决问题的机会。在解题的过程中培养学生的创新精神和创新能力。

总之，注重实验教学的探索和创新，倡导"做中学""用中学""创中

学"，教学中给学生留出自由的思考空间，增加学生独立设计、独立操作实验的机会，是提高学生素质，培养学生创新意识和创新能力的有效途径之一，也可让学生在手脑并用的活动中迸发出创造的火花。

提高初中地理教学的有效性策略

龙　黔

贵阳市花溪区教育培训研究中心

地理是初中阶段教学中的重要科目，是一门理论与实践同时具备的学科。新课程标准下，学生的主体地位受到了高度重视，自主、合作、探究性教学符合"以学生为主体"理念的要求。因此，初中地理课堂教学中，应积极开展探究性教学，以促进学生自主学习能力、团队合作意识以及发现问题、分析问题、解决问题能力的提高。

一、初中地理课堂教学的特点分析

1. 学生特点分析

学生对地理是否有兴趣直接影响到学生日后的学习热情与学习效果。由于学生理性思维不足，加上对地理学科有着陌生感，因此，初中地理课堂教学应努力与身边的实际相联系，让学生感受到地理的实用性。同时，有条件的学校还应该充分利用多媒体辅助教学，通过形象演示帮助学生理解，以达到预期教学效果。

2. 教材特点分析

初中地理教材不管哪个版本，其内容大致分为两大部分：第一部分是地理入门，包括地球地图、大洲大洋、海陆变迁、气候、人口等基础知识。第二部分是区域地理，包括世界地理与中国地理。教材以事实介绍为主，充分体现地理的现实性与有用性。从教材的编写不难发现，初中地理教学讲求的是现实意义，注重加强实践和探究活动，培养学生的实践能力和创新意识。

二、确保探究性教学与初中地理课堂教学目标的一致性

1.有效教学活动的顺利实施，离不开科学教学目标的指导。基于这样的原因，在初中地理课堂教学中，首先要设置明确的教学目标，并要保障教学目标的合理性、可操作性。需要注意的是，在实际践行过程中，应高度重视学生在教学中的主体地位，充分考虑学生存在的个体差异性，在全面了解学生性格特征、学习能力、基础认知水平的前提下，有机结合地理学科特色，定位不同阶段的目标。在初中地理课堂中开展探究性教学，应当确保其与初中地理课堂教学目标的一致性。

2.巧设导入，激发兴趣课堂的导入情况直接影响到该节课的教学效果。教师由于自身的特点、年龄、性别、学历、地理专业知识等的不同，设计的课堂导入都会各不相同。教师在设计课堂导入的时候，应该扬长避短，根据自身优势结合学生情况进行设计。在设计导入的时候，教师应多从这四个方面着手，即趣味性、针对性、新颖性和直观性入手来提高教学质量。例如在学习"居民与聚落"这一章节的时候。教师可以利用多媒体播放世界各地民风民俗，可以把学生的学习积极性一下调动起来。

3.由于新课程标准对探究性教学方法的大力提倡，很多教师认为地理课堂教学中，每节课必须使用探究性教学方法。这是一种错误的理念。不可否认，探究性教学能够帮助学生更加深刻地了解、认识地理知识，但是其并不是唯一学习知识的途径。一节有效的地理课，是以教学目标为指导，将其与教学内容有机结合起来，合理选择符合学生实际、教学要求的教学方法与手段。如对"七大洲名称""矿产资源分布"等基础知识进行教学的过程中，教学目标是使学生掌握七大洲名称及海陆分布、矿产资源分布情况的结论，采

取传统理论讲授法，便可以达到教学目的，无须开展探究性教学。

4. 对于初中地理教材中，必须要让学生了解知识形成过程的部分教学内容，则可采取探究性教学方法，以使学生更好地理解、掌握地理知识。如对"比例尺"的知识进行教学的过程中，为了使学生更好地认识比例尺的概念以及比例尺的大小与表示的范围大小与内容详略的关系，可以开展探究性教学，以解决实际问题为依托，以探究式学习为主线，借助观察、思考、对比等方法，使学生掌握比例尺的意义。首先列举生活实例，如用 1：50 和 1：100 的比例绘制所在学校的校园平面图，在图幅相同的情况下，观察比例尺大小与范围大小和内容详略之间的关系。让学生经历比例尺产生的过程，理解"在图幅相同的情况下，用大比例尺绘制的地图范围小，内容详细；用小比例尺绘制的地图范围大，内容简略"这一重要的知识点。

三、初中地理课堂探究性教学要重视学生的个体差异性

1. 教师对探究性教学存在着一定的错误认知，认为地理课上，只要有学习小组通过设计好的实验活动，得出正确的结果，便是一节成功课。但实际上，学生存在着明显的差异性，不同学生对知识的理解能力与认知水平也会有所差异。同样的教学活动中，反应较慢、基础薄弱的学生，参与积极性不高；基础好、学习能力强的学生很容易参与到课堂教学活动中去，这就使得课堂活动变成了少数学生参与的课堂，无法达到课堂教学目标。面对这样的问题，初中地理课堂探究性教学过程中，应充分考虑学生的个体差异性，设计有层次、多元化、多梯度的课堂活动，并采取多样化的课堂活动方式，以充分调动学生的学习热情、主动性与积极性，提高全体学生的课堂参与度。

2. 图文结合，丰富课堂图文结合是地理教学最显著的特点，运用地图是地理学习最基本、最重要的方法，也是获得地理知识的必备技能。教学过程中，教师充分运用地图，让学生在各个学习环节多接触地图，有利于培养学生紧密结合地图学习地理的方法和习惯。图文结合，除了充分运用地图教学以外，还包括运用景观图、视频、音频等媒体丰富课堂教学。在地理教学过

程中，结合图片进行教学有利于引导学生形象理解相关内容。另外，初中地理是以地球、地图的内容开始的，加上初中生正处于形象思维与抽象思维交接期，如果能结合图片、视频进行教学，将有利于学生把想象思维转化为理性记忆，从而达到更好的教学效果。

四、探究性教学应促进学生思维与实践能力的协调发展

新课程标准倡导探究性教学，主张让学生多动手、多操作。因此，很多教师认为，地理课堂教学中探究性教学，便是让学生动手操作。但实际上，课堂教学中，学生即使亲自动手操作，并不一定可以使学生的思维全程真正投入到探究学习中去。地理是一门特殊的学科，部分地理知识、地理现象背后，蕴含着一定的道理，学生通过动手操作，并不能真正理解这个道理，需要教师引导学生对表面现象进行认真探究，并指导学生透过现象看本质，从而使学生能够从感性认知上升至理性认识。在这个过程中，学生思维的发展需要实际动手操作的配合，若是没有实际动手操作，则会影响学生的思维发展。

在初中地理课堂中开展探究性教学，必须开拓学生的思维，并将思维发展与动手操作能力的培养有机结合起来。因此，初中地理课堂教学过程中，应当将地图图像与地理知识有机结合起来，指导学生学会读图、画图、忆图，从而更好地理解、学习地理知识。例如，在对"世界气候"的相关知识进行教学的过程中，可以借助地图，让学生观察世界各地的不同自然景观，对世界各地景观的不同有一个初步的认识。然后，让学生了解不同气候类型的降水柱状图、气温曲线图，使学生认识到不同地区气候的形成原因。教学重点在于使学生找出世界各地自然景观的差异，感知不同气候条件下的真实情景。需要注意的是，这个过程中，并不是让学生简单地看图，而是将学生思维培养与画图的动手过程有机结合起来，在解决实际问题的过程中，实现学生实践能力与科学思维的协调发展。

五、结语

综上所述，初中地理课堂中开展探究性教学，应确保探究性教学与教学目标的一致性。教学过程中要关注学生的个体差异性、促进学生思维与实践能力的协调发展。通过趣味性的课前引导、图文结合等手段，把抽象的地理知识具体化，促进学生在自主、合作、探究过程中，实现实践能力与创新思维的提升。

初中英语作业单元整体设计

陆晶晶

贵阳市花溪区实验中学

"双减"背景下，优秀的作业不仅要"有趣、有意义"，还要"有效果"，这需要教师提升作业设计与布置的能力与水平，作业设计要从片段化的案例走向单元整体设计，既有科学性，也便于倾听学生的声音。

一、单元信息

基本信息	学科	年级	学期	教材版本	单元名称
	英语	七年级	第二学期	新目标 Go for it	Unit9 What does he look like?
单元组织方式	✕ 自然单元　　　　　　　√ 重组单元				
总课时	4 课时				

单元基本信息表

注：本单元总体设计是以新目标初中英语教材为例。

二、单元分析

（一）课标要求

本单元的核心话题是谈论人的外表形象（look）。教材内容围绕着描述人的外貌特点展开，让学生学会谈论人的身高、体重、发型、面部特征及着装特点。教材选编了多模态语篇，包括对话、记叙文等连续性文本、图示和图像等非连续性文本以及音频、视频等。根据《义务教育英语课程标准（2011年版）》（以下简称为《课程标准》）要求，从语言能力、思维品质、文化意识和学习能力四个维度对本单元的课程内容进行分析。

单元教学目标	语言能力	1. 能熟练地用英语对人的外表特点进行描述，并根据描述画出人像。 2. 能概括人物的外貌特征并根据人物特征推理出某一人物。 3. 能替自己和别人进行新形象设计，能和合作伙伴互相交流，充分交换信息。 4. 能掌握本单元出现的表示人外观的词组及句型，并能结合实际生活进行灵活运用这些词组及句型描述别人的外表，提高写作水平。
	思维品质	1. 通过描述同学、教师或自己的偶像的外貌，简单地表达自己的观点或好恶，学会交换不同的看法，使学生在人际交往中学会尊重和理解别人。 2. 教育学生要多发现别人的优点，学会赞美别人，友好地描述别人的形象。 3. 学会赏识，懂得心灵美比外表美更重要。 4. 能在小组活动中积极与他人合作，相互帮助，共同完成学习任务，尽情享受学习的乐趣。
	文化意识	了解不同人的外貌和同一人的不同外貌，了解中西方文化中在表达自己的观点时存在很大的差异——我们比较委婉，而西方人则更直接些，对学生进行不同文化意识的渗透。同时让学生在给自己或别人画像时提高绘画水平和审美意识；让学生了解不同外貌作用的背景知识，实现跨学科交流的目的。
	学习能力	有主动探索知识和解决问题的欲望和方法，能够运用不同的学习策略和学习载体解决实际问题。

课程内容分析表

（二）教材分析

1. 教材的地位及作用

以人的外貌特征为主线，兼顾交际功能的学习，以一种循序渐进的生活化的学习程序，引导学生学会用英语介绍自己或他人的外表特征。本单元的教学内容与学生的实际生活密切相关，易于引发学生运用简单的英语进行交际和交流。在学习活动中，学生能通过交换对不同人物的描述及看法，促进学生之间和师生之间的情感交流，增进情谊。

2. 单元内容分析

根据《英语课程标准》关于总目标的具体描述，为了能较好地实现既定的教学目标，结合本单元的教学内容及基于对教材的分析和学生的学习规律，笔者对本单元的内容进行如下处理，目的是突出重点，使课堂节奏紧凑，连贯。本单元分为四课时。

Period1 （Section A 1a/1b/1c/3b Section B 1a/1b/2c/Selfcheck3）

Period2 （Section A 2a/2b/3/3a/SectionB3c）

Period3 （Section B 2a/2b/3a/3b）

Period4 （Section A 4/SectionB4 /Selfcheck1&2）

本单元的主要内容是谈论人的外表形象，教材内容围绕着描述人的外貌特点展开，教材分别以对话图文展示等多模态语篇为载体，让学生学会谈论人的身高、体重、发型、面部特征及着装特点，对学生进行不同文化意识的渗透。同时让学生在给自己或别人画像时提高绘画水平和审美意识；让学生了解不同外貌作用的背景知识，实现跨学科交流的目的。

课时	What（主要内容）	Why（编写意图）	How（语篇特点）
第1，2课时	描述人物外貌的相关语言知识和语言技能	1. 通过用英语进行对人外表特点的描述，画出人像。 2. 通过描述同学、教师或自己的偶像的外貌，简单地表达自己的观点或好恶，学会交换不同的看法，使学生在人际交往中学会尊重和理解别人。	文体：对话 结构：对话中含有四个话题，分别就在电影院门口约见，如何认人展开。 语言：询问外貌
第3，4课时	模拟画像师通过目击者对罪犯外貌的描述后可绘制罪犯的肖像。	通过对人物的外貌特征概括以及人物特征，推理出某一人物。	文体：说明文 结构：按照人物外貌特征对比的逻辑来描写。 语言：介绍外貌的相关词汇，关注代词指代。

课程内容分析表

（三）学情分析

What they know（已知）	What they wonder（未知）	What they will learn（将知）
在小学阶段已经学习了一些简单的人物外貌的描述方式。在七年级第一学期购物单元也学会了一些和外貌描述有关的形容词的表述。	1. 难以熟练地把描述外貌的形容词和人物的外貌特征具体地联系起来。 2. 在描述外貌的顺序上缺乏逻辑性。 3. 不了解模拟画像师的职业特点。	1. 熟练、得体地运用关于询问外貌以及描述外貌的交际用语。 2. 按照一定的逻辑顺序描述人物外貌。 3. 通过交换对不同人物的描述及看法，促进学生之间和师生之间的情感交流，增进情谊。

学情分析表

三、单元学习与作业目标

（一）单元学习目标

单元学习目标	课时	课时学习目标
1. 能够运用外貌描述的形容词以及形容词短语描述人物外貌。 2. 能够准确询问并描述人物外貌，形成得体的交际意识和能力。 3. 能够通过交流了解同学及朋友。 4. 多发现别人的优点，学会赞美别人，友好地描述别人的形象。	第 1 课时	1. 能够从对话中获取人物外貌的具体信息。
	第 2 课时	2. 能够运用关于外貌的交际语。 3. 能够运用目标语言介绍自己或同学。
	第 3 课时	1. 能够根据人物外貌信息从语篇中获取具体人物的真实外貌特征。 2. 能够根据课文中人物外貌的复数找出不同人物的特点。
	第 4 课时	1. 能够在正式的生活情境中熟练使用目标语言描述人物外貌。 2. 通过交换对不同人物的描述及看法，促进学生之间和师生之间的情感交流，增进情谊。

学习目标分析表

（二）单元作业目标

单元作业目标	课时	课时作业目标
1. 使用外貌描述的形容词、短语和相关功能句型，学会如何询问及描述人物外貌。 2. 结合图片或照片，准确且合理的描述人物外貌。 3. 掌握人物外貌描述的说明文的文体特征并在生活情景中进行交际应用。	第 1 课时	巩固询问和介绍人物外貌的形容词或短语及相关功能句型。
	第 2 课时	提升对人物外貌准确询问并回答的综合语用能力。
	第 3 课时	1. 巩固、应用形容词及短语及相关表达。 2. 加深对人物外貌特征介绍类说明文的文本特征的理解，并迁移应用至真实的生活情境中。
	第 4 课时	综合运用本单元的目标语言完成"人物外貌描述"话题下的生活化、整合性活动，增进学生之间和师生之间的情感交流。

作业目标分析表

四、单元作业设计思路

初中英语学科的作业设计要遵循四个基本原则：一要立足单元，课时作业设计要充分体现单元课程内容的整体性。二要关联目标，建立起学习目标和作业目标的有效关联，以目标明确的作业设计来确保达成单元学习目标的实施。三要区分类型，既要体现作业形式的丰富多样，又要体现认知水平的递进发展，设计螺旋上升式单元作业。四要关注时长和难度，作业完成的时长往往取决于作业总量、作业本身的难易程度和学生自身的学习能力和水平。

作业类型	拓展性作业
作业主体	阅读、思维
作业功能	应用功能
作业类型	实践性作业
作业主体	内容、语言
作业功能	复习和反馈功能

作业类型	实践性作业
作业主体	内容、语言
作业功能	复习和反馈功能
作业类型	实践性作业
作业主体	技能（写）、思维
作业功能	应用功能

作业设计目标分析表

作业项	项目	内容
作业内容	1. 对应作业目标	单元作业目标
	2. 形式和水平	形式 （ ）听 （ ）说 （ ）读 （ ）写
		水平 （ ）记忆性 （ ）理解性 （ ）应用性
	3. 完成时间	＿＿分钟
	4. 完成方式	（ ）独立完成 （ ）合作完成
	5. 提交方式	（ ）当天 （ ）＿＿天后

作业内容分析表

重新认识作业，对于每一位教师来说都是一次"教学革命"，学会用单元学习的眼光来"创意"每一节课的作业，这是我们需要不断努力实践的方向。

新课标背景下初中化学学科教学与劳动教育

相融合的思考

罗　蘭

贵阳市花溪区实验中学

2022 版新课标显示，义务教育阶段的化学课程、劳动教育对落实立德树人根本任务、促进学生德智体美劳全面发展具有重要价值。教育要想更好地为社会主义现代化建设服务，就必须将生产劳动与实践相结合，发挥单一学科在实践中的意义，让学科知识与劳动教育相融合，更好地帮助学生习得全面的知识、能力和品格，树立正确的价值观。

中国特色社会主义社会已进入新时代，正向着社会主义现代化强国迈进，九年义务教育已实现全面普及，正处于从基本均衡到优质均衡的转型阶段。到 2050 年，当下的中小学生将成为社会的中流砥柱，祖国的建设需要他们担当重任。社会主义教育事业的使命是为党育人、为国育才，培养德智体美劳全面发展的社会主义建设者和接班人。

新课标指出，化学课程立足学生生活经验，注重学生的自主发展、合作参与、创新实践，倡导"做中学""用中学""创中学"，开展项目式学习，重视跨学科实践活动。而劳动教育是中国特色社会主义教育制度的重要内容，是全面发展教育体系的重要组成部分，通过让学生动手实践、出力流汗、接受锻炼、磨炼意志，发挥劳动的育人功能，培养学生正确的劳动价值观和良好的劳动品质。

笔者在以往的化学教学中，只注重知识的传授，忽略能力的培养，知识碎片化现象突出，学生缺乏在真实情景中理解与实践，使学习活动严重脱离素养本位，忽视对运用知识能力的培养。久而久之，知识在学生大脑中仍是一盘散沙，难以形成结构化网络。若能将化学知识与劳动教育相融合，以解决实际问题为出发点、以学科知识为突破点、以劳动技能为辅助点，引导学生有意识解决问题，将所学知识用于实践，在此过程中不断修正认知，在创造对外部世界的认识和改造时，也创造对自身内部世界的认识和改造。

以下，以"玉米的生长"为例，构建化学学科知识与劳动教育融合教学的思考案例。

一、目标融合

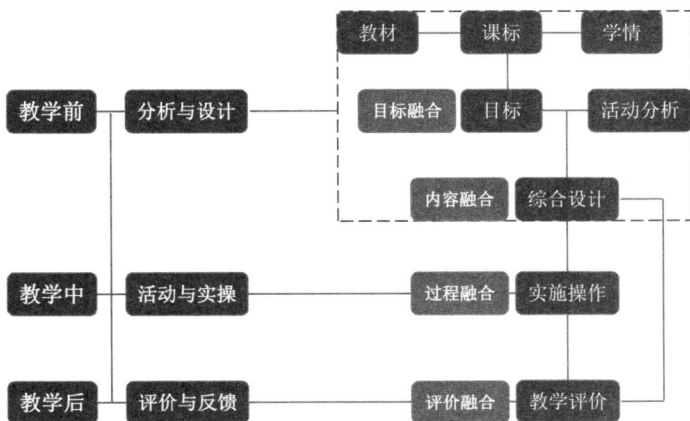

化学学科教学与劳动教育相融合的教学思路

基于学习目标寻找劳动教育契合点。课标指出，化学学科旨在"形成化学观念，解决实际问题"、"发展科学思维，强化创新意识"、"经历科学探究，增强实践能力"、"养成科学态度，具有责任担当"。而劳动教育则为"树立正确劳动观""养成良好劳动习惯和品质""具备必备劳动能力""培育积极劳动精神"。可见，在目标的达成上，化学学科与劳动教育有明显共通之处，都强调了能力的提升、实践精神的养成和良好习惯的培养，都重视积极品质的塑造。这也体现了教育的殊途同归之处，在不同学科中契合相似的学习目标，有利于培育学生的核心素养。

化学教材中有许多和生产劳动（种植）相关的内容，如土壤的酸碱度、化学肥料、物质的组成与转化等。而此前在进行该部分内容的教学时，因教学远离知识涉及的真实场景，学生对知识的掌握大多停留在理论层面、浅表层面。若将此系列知识融入玉米的种植这项生产劳动教育中去，不但能将化学学科知识落地，帮助学生在运用和掌握学科知识的同时，还能理解种植与生活之间的关系，深刻体会劳动人民的艰苦与实干，强化对劳动本身的正确认识，体会"幸福都是奋斗出来的"，树立劳动最光荣的价值理念。

二、内容融合

走进学科内容探索劳动教育落脚点。化学是研究物质的基础学科，九年义务教育阶段主要内容由科学探究与化学实验、物质的性质与应用、物质的组成与结构、物质的化学变化、化学与社会跨学科实践这五个部分组成。"玉米的生长"属于劳动课程内容中生产劳动板块的农业生产劳动任务群，主要包含玉米种子的萌发、生长、结果几个环节，而九年级学生属于课标学段目标中的第四学段。

结合玉米种子的萌发、生长，在科学探究与化学实验部分，可将检测和改进玉米生长条件融入其中。如探究所需土壤的酸碱性条件、生长营养需求、光照时长、水分等，运用观察、实验、调查等手段，通过力所能及的探究及实验操作，运用化学学科知识去辅助完成种植活动。结合玉米的生长、结果，在物质的性质与应用、物质的组成与结构部分，可将淀粉的物质分类、淀粉的组成与结构、淀粉的作用、六大营养素的知识融入其中；在物质的化学变化部分，可将宏观—微观—符号三重表征融入其中，运用光合作用反应原理，巩固质量守恒定律，认识化学反应可以实现物质转化。而化学与社会跨学科实践方面，可将化学与能源相融合。

三、过程融合

把握学习时机探寻劳动教育切入点。进入九年级的学生，在完成了七八年级生物知识的学习后，已经具备对玉米种子的萌发、生长、结果全过程的观察和简单分析的能力。在这一前提之下，以化学知识学习进度为基础，以玉米的成长为切入，开展真实的玉米种植劳动项目，在玉米萌发之初、生长之际、结果之时分别融入不同主题的化学知识，将教学实施和劳动内容与劳动实践相互融合。从真实的体验中体会化学对美好生活需要和可持续发展方面可做出的贡献，帮助建立严谨求是的科学态度。懂得劳动创造价值，认识劳动对推动人类社会进步的意义。

四、评价融合

总览学习表现找到劳动教育着力点。学习评价目的在于激发学生的学习兴趣，提升学生的参与度，促进素养的养成。应从重视成绩转向重视参与，既要重视结果也要重视过程，既要重视知识也要重视实践，既要重视行动也要重视思想，既要重视个体也要重视整体。所以，不论是化学学科教育还是劳动教育，都应实行多元化评价体系，即过程性评价与结果性评价共存，阶段性评价与总结性评价共通，师生评价与生生评价共拥，口头评价与纸笔评价共融。不论哪种形式的评价，都应重视学生学会了什么，发生了什么变化，注重教学效果的优化。

五、结语

新课标的颁布对学生核心素养的养成具有重要意义，结合"双减"政策要求，教师如何利用最少的时间达到学生全面提升的效果，这成为摆在广大教师面前的现实问题，或许，学科教学与劳动教育相融合的方式能够让教学事半功倍。学生的发展和认识是通过与情景接触来实现的，所学知识的价值和人生价值也是通过与世界的接触来实现的。劳动教育为学科教学提供检测和展示的平台，使学科知识得到应用和体现；而学

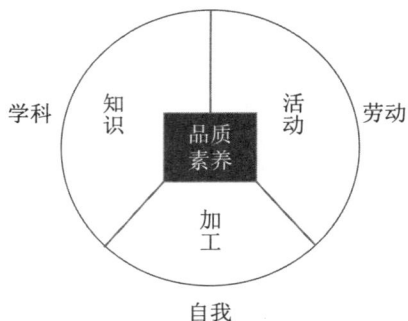

学科教学与劳动教育相融合的价值建构图

科教育为劳动教育提供基础理论支撑，为劳动教育的开展贡献知识体系与结构方法，两者通过个体的加工相辅相成，相得益彰，同步升华。所以，在学科教学中融入劳动教育，在劳动教育中融入学科知识，在自我意识中主动加工与建构，不断修正和内化后，就能创造出 1+1 大于 2 的效果，更好地实现品质和素养的双提升。

歌唱教学在初中音乐课中的价值实现

田小林

贵阳市花溪区实验中学

歌唱是与生活联系最为密切的情感表现形式，是直抵人心的艺术！本文从歌唱教学开始，根据鼓励和引导学生"愿意唱""乐于唱""善于唱"的思路，使学生实现从"接受"到"喜欢"再到"擅长"的蜕变和成长。通过歌唱培养出来的音乐分析理解能力、音色听辨能力、乐句语气变化的理解和审美感知能力等音乐素养，都是完成音乐学习的保证；通过歌唱培养出来的对音乐和音乐课的情感意愿，更是完成音乐学习的内驱力。

在以"唱、奏、赏、编、创"为主要形式的初中音乐课中，歌唱教学是意义重大的环节。"歌唱"作为一种音乐才能、一种兴趣门类，作为生活中抒发个人情感的良好方式，值得每个人终生追寻。

一、鼓励学生"愿意唱"

笔者通过十多年的教学发现，绝大多数初中学生不太愿意歌唱，尤其不愿意独唱，羞于启口。究其原因如下：其一，初中生进入青春期后，性格上走过了小学时那种乐于表现的阶段，他们变得敏感。其二，初中生陆续进入变声期，声音状态不稳定。其三，对演唱曲目不喜欢。其四，不会唱谱，对歌曲不熟悉。鉴于这几方面问题，笔者首先是让学生们清楚歌唱是一种什么样的活动，让学生愿意唱。

《毛诗序》中有关于歌唱行为的描述："情动于衷而形于言，言之不足则嗟叹之，嗟叹之不足则歌咏之，歌咏之不足则手之舞之足之蹈之也！"歌唱是一种高级的情感表现形式，是直抵人心的艺术。歌唱是"唱、奏、赏、编、创"等所有音乐活动中最简单方便的行为，也是最直接尽兴的行为，不必要乐器演奏那种携带操持，不必要鉴赏分析那种理论基础，也不必要编配创作那种技术能力。歌唱真的很简单！

2021 年，国家的"双减"政策的实施，为学生全面发展提供了条件，尤其是为学生艺术修养方面提出了期待。歌唱作为一个非常简单方便的兴趣门类，理应受到重视；2022 年，国家《义务教育艺术课程标准（2022 年版）》中，艺术学科的排课率高达 9%-11%。这足以说明国家对艺术课程的重视。歌唱是学习音乐的基础，歌唱是学习任务！要让学生能自信的、自然的、有感情的歌唱。

启发学生是引导学生愿意唱的开始，勇于表现的青春是最美丽的，自信大方、充满朝气永远是褒义词。变声期嗓音难以控制，属于正常现象，能自信大方地表现出自己最真实的一面就很棒了。不要嘲笑旁人音不准，不要指责旁人声难听，收起平时课间轻浮随意、嬉笑玩乐的状态，回到课堂，根据老师的指导，大方试唱。

有些同学因为不喜欢所学曲目，懒于启口。我们可以恰当地增补一些积极正面的、好听好唱的、学生喜欢的曲目。但绝不可以脱离教材，一味地迎合学生。前国务院副总理李岚清说："流行音乐更多是娱乐性的、宣泄性的，属于精神快餐文化，跟真正的文化艺术不是一回事，它的文化含量不够。经典音乐代表人类文化更高的水平，经典音乐要比通俗音乐更有益于培养和提高人的素养。"至于因为不会唱谱，对歌曲不熟悉，所以出现不愿意唱的情况，教师良好的示范、正确的引导、真诚的鼓励和学生对老师的信任是解决问题的高招。

二、启发学生"乐于唱"

首先，让学生充分知道歌唱的好处。歌唱可以促进深呼吸，清肺养颜，调气养神，舒经活血，有益健康；歌唱可以活跃思维、丰富面部表情，从而让你的情感也变得丰富；歌唱有益于形成乐观积极的生活态度，培养自信心；歌唱可以丰富言谈的语调，改善其语音面貌，提高语言表达能力；歌唱可以学习和熟悉更多的歌词诗作，提高对语言艺术的领悟能力和欣赏水平；歌唱可以提升对各种音乐艺术作品的鉴赏能力；歌唱可以促成良好的形体姿态，可以净化心境，改善精神面貌，让你言行举止更显优雅、端庄、得体；歌唱可以集中注意力，训练记忆力；歌唱可以培养对其他艺术形式的兴趣，促进对美好事物的追求和探索；歌唱是自娱自乐的良好方式，有益于提升生活中的幸福指数！歌唱没有角色身份的限制，谁都可以唱；歌唱不需要固定的场合，随时随地，情之所至，张口就来，身体本身就是你一生的乐器，走到哪儿唱到哪儿。

其次，选择合适的曲目。以教材为主，根据学生基础能力及班级的情况，适当增补一些优秀的、经典的、优美动听的、易唱易学的声乐作品，有计划、有针对性、有目的性的教唱，是精细处理还是浅尝辄止，是通篇全学还是拆解体验。

然后，情境创设，营造良好的氛围。运用能刺激他们产生视觉形象和文学情节的文字描述，勾起学生们想象和表现的动机，如鸟语花香、天真烂漫、风和日丽、清风徐来、涓涓细流、湖光山色、高山峡谷、气吞万象、心旷神怡、粗犷豪迈、欢呼雀跃、窃窃私语、优柔缠绵、清雅温存、暮色苍茫、雾开云散、自由舒展等。努力让他们充分发挥想象、联想和联觉等心理活动，唱出信心、唱出兴趣、唱出情感、唱出希望。在这些有力的诱因面前，学生们自然就乐于歌唱了。

三、教会学生"善于唱"

自觉情感表达的"唱"叫"歌唱"，为某种目的或任务而进行的"唱"叫"演唱"（或者叫"唱歌"）。"歌唱"作为一种自觉的情感表达，在不打扰别人的前提下可以自由进行，可以是小声哼唱、可以是大声高歌，可以娱乐你我造福旁人，也可以物我两忘尽情抒发，不用考虑技术方法，自得其乐就行。但是，歌唱效果就没有保障，可能悦耳动听、抒情感人，也可能五音不全、令人难受。歌唱作为一门艺术学科，显然不能只停留在这种纯粹的生理性的表达层面。所以，要对学生们进行专业的、科学的、系统的训练，努力让学生的歌唱技能接近或者达到"善于唱"的水平。

"演唱"作为一种有目的性的行为，则需要较多的准备。比如演唱者要清楚什么时间、什么场合、什么动机、唱给谁听，要准备什么服装、什么曲目、以什么状态达到什么效果等。在诸多"准备"的过程中，"演唱"对演唱者的技能和素养等方面的要求就一一出现了。这些要求大致分为姿势状态、音准节奏、咬字吐字、音色调整、气息控制、音乐理解和情感抒发等环节。

歌唱的姿势状态不仅是歌者良好心态的表现，也能给人以美感，更有利于歌唱时的发挥。头顶天穹，脚踏大地，脊柱挺直，肩臂松垂，胸口自然舒展，小腹微收，腰部稳定，两眼平视有神。无论站姿还是坐姿，都要稳重挺拔，端庄肃然。方可进入歌曲演唱的最佳状态。

音准节奏在音乐中何其重要！但是，有些人天生节奏不稳、五音不全，音准感觉迟钝、模糊。针对节奏不稳的问题，解决的方法就是让他们多聆听耳边的音乐、多感受生活中的节奏，多对比、多分析其中的规律和奥秘，给他们讲一点拍号的知识，可以借助节拍器；针对五音不全的问题，解决的方法也是让他们多感受、多聆听耳边的音乐，多对比、多分析旋律高低起伏的现象，多实践、多尝试，努力让自己抓住这些起伏不定的音。给他们讲一点音和音程的知识，可以借助有固定音高的乐器进行辅助训练，比如口风琴就是不错的选择。如若条件允许，可以进行视唱练耳的学习。

咬字吐字方面，讲究自然清楚、字正腔圆、有声有韵、有气有型。音色的调整难度最大，除了声音位置的前后上下之外，还有声音色彩的明暗浓淡。前者与教师对歌唱风格及声音概念的定位休戚相关，后者和气息的控制与输出紧密相连。这对教师的示范、讲解能力要求颇高，许多歌唱追求者就败于此处。气息的控制与输出被很多声乐老师弄到了玄妙复杂的地步！笔者认为，只需要告诉学生自然呼吸，唱短句时浅吸气，唱长句时深吸气，情绪平静时自然亲切，娓娓道来，缓缓而出；情绪激动时小腹用力、气势强烈，语气激动起来即可。气息的主要内容就是语气和情感。演唱时语气和情感要诚恳、饱满、真实、自然。对声乐作品的理解就是为了在演唱中"输出"恰到好处的语气。对作品的情感无动于衷、对作品的内容理解不够的演唱就是惺惺作态、是装腔作势、是矫揉造作、是无病呻吟，没有感染力，不但不能打动人，还容易令人"难以招架"。只有深刻了解作品的创作背景、词意内容、曲式结构等知识后才能更真实自然的抒发和表达。

如果能做好演唱的姿势状态、音准节奏、咬字吐字、音色调整、气息控制、音乐理解和情感抒发等几点，良好的演唱效果就应该会产生了。有了良好的开始，就会渐入佳境，就会有良性循环。

四、歌唱教学的价值实现

我们面对的是集体学生，首先要整体调动学生们的演唱欲望，然后才能训练他们的演唱技能。歌唱真的很简单！自然的、自信的、有感情的歌声就是熊熊燃烧的火焰，能点燃音乐学习的热情，用周海宏教授的话说就是"通过歌唱热爱音乐课，通过有歌唱的音乐课热爱音乐，通过音乐热爱艺术，通过艺术热爱生活。"

音乐属于每一个人。有音乐相伴的人生是生动的，有艺术渲染的生活是多彩的。

多媒体在初中物理教学中运用的体会

王洪群

贵阳市花溪区第一中学

多媒体是一种把文本、图形、视频图像、动画和声音等运载信息的媒体集成在一起，并通过计算机综合处理和控制的一种信息技术。多媒体的出现使教学手段更加丰富，对教学效果的提高起到了促进作用，增强了教学的直观性、趣味性，更能引起学生的浓厚兴趣，激发学生强烈的探索欲。学生从中获得直接、生动、形象的感性知识，从根本上调动学生的学习主动性。在"信息大爆炸"的今天。将现代科技多媒体用于教学，无疑是教育史上的一次深刻的变革。在课堂教学中运用多媒体手段，可以起到化难为易，化抽象为具体，为学生的理解创造情境，充分调动学生的学习热情。下面是笔者在这方面的点滴体会。

一、激发学生的学习兴趣

应用多媒体技术辅助教学可以大大优化教学环境，促进学生的主动学习兴趣。利用多媒体技术教学，可以使面向学生的画面生动活泼、色彩鲜艳、声情并茂。这就改变了以往课堂上学生只能看黑板，听老师讲的单调的模式。多媒体技术可以提供丰富多彩的声、光、电等各种信息，使课堂变得绚丽多彩，大大优化了教学氛围，使师生之间的信息交流环境变得丰富而生动，学生置身于这样一个和谐的教学情境，学习兴趣将得到极大的提高。因此进行多媒体教学时要掌握学生的认知心理，最大程度地激发学生的兴趣、最大程度地唤起学习的"内驱力"，从而调动学生学习的积极性，取得最佳的学习效果。

计算机以其独特的功能创造良好的思维情境，教师、计算机、学生形成一个有机的组合。教师通过计算机把学生教懂、教准、教活、教精，又促使学生乐学、善学、勤学、活学，师生共同进入教与学的自觉状态和最佳状态，增加了课堂教学的活力，优化了课堂教学的过程。

二、将物理概念规律的形成形象化，演示不能做的物理实验

物理是以实验为基础的一门学科，许多物理概念规律都建立在实验基础上。中学阶段由于条件的限制，有些规律的探索实验不能重现，这种情况下，可通过计算机模拟实验过程，让学生通过观察到的模拟实验现象，分析得出结论和规律。首先是弥补了视觉上的不足。在教学中利用计算机的放大、交互性强的特点，模拟了"游标卡尺""螺旋测微器""秒表"等实验仪器，克服了传统教学中演示实验操作难、可见度低、讲解困难的弊端，极大地提高了课堂教学效率和质量。其次使抽象的问题形象化。如电流、内能等，利用动态模拟可以达到非常理想的教学效果。再次使物理过程的本质能得以揭示。如：日食、月食的形成、透镜成像、链式反应等。

三、调整和控制课堂节奏

计算机多媒体技术通过文字、图形、图像、动画、音频和交互式网络等方式，可使教学过程图文声并茂、生动活泼，知识面更广。学生们在这些动

感环境中学习，对教学内容更容易领会和掌握，可以大大加快学习进度，提高学习效率。更为重要的是，由于教学进度的加快，为学生在无形中增加了学习时间。在物理课堂教学中，很多内容是很难通过说就能解决问题的，如人造卫星在远地点、近地点运动过程中能量的转化，如采用传统的教学方法，学生难以理解，反而只会加深学生对物理知识学习的畏惧感。这些知识完全可以运用多媒体技术让大家看到模拟的直观的情况，这不仅可以将内容讲得生动活泼，激发学生的学习兴趣，还可以增长学生的见识。利用多媒体课件教学可大大加快教学进度，从而节约大量时间。对于少数学生不能及时弄懂的内容可以反复播放，强化学生的认知能力。

四、及时反馈学习效果

利用计算机多媒体技术可以做到高密度的知识传授，大信息量的优化处理，及时反馈学习效果，大大提高课堂学习效率。图形不是语言，但比语言更直观和形象，比语言包容的信息量更大。动画又比图形更高级地输出信息，利用文字闪动、图像缩放与移动、颜色变换等手段，不仅容量更大，速度更快，效果也更好。课件的声、光、电的多媒体软件因其信息传输通道宽阔多样，容量大，速度快，效果好，使得加大教学密度及时反馈并非难事。多媒体技术在复习课中能发挥出很好的作用。电教手段用于复习课中，可以重点突出，事先把备好的主线复习框图制成投影片，在复习时用投影仪投影，在短时间内系统地复习彼此相关的知识，使学生回忆快、记忆牢固，同时也解决了复习课密度大、时间不够用、教师检测滞后的问题。例如，学生课堂练习，传统的方法是请几个学生上黑板板演，其余的学生在座位上练习，但座位上的学生，往往不是自己做而是看别人做，同时教师要一个一个核对学生的作业也造成课堂时间的浪费，这样的实际效果是很不理想的，而使用了多媒体课件之后，就可以增加学生练习的机会，还可以采用交互式教学，从而调动学生的学习积极性。利用多媒体技术，减少教师板书的时间，增加了学生的活动时间，也更好地把学生和老师都解放出来。能更好地测评和反馈，便于及时找到问题，优化教学效果。

五、在物理教学中应用多媒体时应该注意的事项

1. 不要过于依赖多媒体

计算机是否在教学中使用，应完全取决于教学需求，应以服务教学为出发点，以最大功效发挥媒体作用，达到最优教学效果为宗旨，来选择使用。计算机只是一种教学媒体，它的角色应是辅助教学，不可喧宾夺主。尽管计算机模拟可以带给人更加强烈的视听刺激，更为细腻的物理过程，更加直观的结果分析，但它不具有实物实验带给人的真实空间感、实验可信度，以及在实验过程中师生的情感交流。一些教育主管领导把它作为评价教师授课质量的唯一标准，没有多媒体课件的一概不能被评为优质课。这是很不科学的，对于我们物理教学更是如此，因为物理是以实验和观察为基础的学科，在物理教学中，演示实验是最基本的教学手段之一，具有不可替代的地位。无论如何多媒体演示也不能代替实验，如果简单地把演示实验搬到屏幕上，就违背了认知规律，而且有时用实验很容易把问题解决，此时再用多媒体就是画蛇添足。所以只有恰当地结合两者，将其作为物理过程的再现，结果的分析，规律的总结等，才能取得良好的教学效果。

2. 多媒体制作应该突出主题

计算机模拟，是对物理现象的提炼和再现，在整个过程中必须保持对物理实质的保真，突出主题，否则，就会让学生无所适从甚至不能集中精力于该学科内容。制作课件时不一定追求完整，面面俱到，因为我们制作课件的根本目的是为教学服务，绝不是为做课件而做课件，达到教学目的即可。有时仅仅一个动画就可以呈现一个物理过程、说明一个物理概念、体现一条物理规律。有些课件上很难制作的部分，可以用小实验来代替，效果也很好的。这样就大大地减轻了教师的工作量。其次，作为物理教师也应该尽可能熟悉计算机操作，力争达到精通的程度，提高制作课件的效率。

3. 多媒体不应该过分分散学生注意力

实验心理学家苏瑞特拉做过两个著名的心理实验：一个是关于人类获取信息的来源，他通过大量的实验证实，人类获取的信息83％来自视觉，11％来自听觉，3.5％来自嗅觉，1.5％来自触觉，1％来自味觉。这就是说，如果既能看得见，又能听得见，还能用手操作，通过这样多种感官刺激获取的信息量，比单一听老师讲课强得多。多媒体能够运用声音、图像、动画等多种表现手段来演示物理过程，较黑板更形象、更鲜活、更直观，正因为它有这些优点，有些教师常常滥用这些手段，使得课堂很热闹，但实际效果却不理想，这是由于过多、过强的声音和动画的刺激，很容易分散学生的注意力。让学生在非重点的内容上缠绵和徘徊，而错过了重要知识的体验感知和学习。同时学生长时间观看大屏幕，太强的光刺激易使学生头痛眼花，对学生的身体不利。所以在制作课件时，对声音、图像不必一味求多，而应根据实际需要，只要能说明问题就可以，特别是动画，不宜过多，选择音乐尽可能用一些轻音乐，背景和颜色要柔和的。要使我们的课件做的既能产生浓厚的兴趣又能把学生的注意力始终吸引到课堂上来。

总之，在课堂教学中引入并合理使用多媒体课件教学，不仅能促进教学手段的变革，同时还必将促进关于教材的观念与形式、教学方法与课堂教学结构的变革，进而促进教学思想和教学理论的改革与发展，全面提高教育教学质量。

第二编 立德树人

在学习中收获，在实践中成长

陈桂兰

贵阳市花溪区实验中学

2016 年 4 月，笔者有幸被遴选为贵州省第一批初中名校长培养对象，有机会在教育部中学校长培训中心进行了为期两年的学习培训，一路走来，在不断地学习、实践、反思，再学习、实践、反思的过程中收获、成长，在履行校长职责和发挥名校长在学校管理和教育教学改革中的示范带动和辐射作用中不忘教育初心砥砺前行。

一、在学习中收获——智慧和信心

从 2016 年起至今，省教育厅名管办组织的校长培训学习始终没有停止过。在校长培训中心培训的两年中，学习聆听了许多专家教授的讲学，获益颇多也感慨良多。张俊华教授的《国外教育改革动态》让我了解了不同国家的多元的办学体制及其教育改革，了解了未来教育的十大核心学习领域，并思考自己作为校长在学校课程体系建设中所能起的作用和所能做的事情；万恒教授的《家校合作》让我对自己坚持了十多年的家庭教育讲座《和孩子一起成长》更有自我认同感；对家校合作的目的，即家长、教师、学生共同成长，给予学生成长生命系统中需要的爱与被爱、被关注、被认可、安全感、价值等有更清晰的认识；韦保宁教授的《依法治校与校园安全》对我国教育法规及政策做了精准的解读，使我认识到校长依法治校、教师依法执教对学校健康发展、师生乐教乐学所起到的不可或缺的保驾护航作用，依法治校使学校管理更规范、更人性化，也更具可持续力；依法执教使师生关系、家校关系更平等、更理性、更有情感和更能彼此理解彼此尊重；戚业国的《学校发展规划的编制与运用》帮助我树立了正确的学校发展观，明确了学校发展的价值与目标追求，懂得了学校战略分析的基本方法及学校发展的管理战略；杨全印老师的《学校文化建设》引发了我对学校表面文化与深沉文化建设的反思，即如何更好地呈现和影响师生并自觉认同，且能在师生共同认同的价值观的引领下书写值得自豪的学校历史？还有沈玉顺教授的《我国中学课堂教学改革的观察与思考》、王俭教授的《促进教师专业发展的校长作为》、代蕊华教授的《基于标准的校长专业发展》、刘莉莉教授的《学校管理中的有效沟通》等，使我在认真学习之后，对十多年来的校长工作进行梳理和反思，发现在办学过程中，很多时候我都是在凭着校长的"本能"在辛勤地"劳作"，凭着"本能"惯性向前走着。缺乏理论的指导，自然就缺乏高度和深度，在工作中常常知其然而不知其所以然……

回到学校后，我有意识地运用在校长培训中心所学的知识指导我的工作，思考处理每一件事应该如何才能更好地"发力"，怎样才能更好地找准"切入点"，感觉工作思路更加清晰，目标更加明确，收到了事半功倍的效果。比如我曾经两次在教师大会上运用刘莉莉老师《学校管理中的有效沟通》一书中的引入沟通小游戏，和老师们一起认识到有效沟通在团队建设中以及在教育教学及其管理中的重要性。再比如说我把王俭老师的《促进教师专业发展的校长作为》"改编"或"剪辑"成《促进教师专业发展的自觉行为》，和全校教师进行了"教师专业发展"的主题对话，对教师在专业发展方面的目标、内容、形式、必要性、重要性有了深入的、理性的思考。把韦保宁老师的《依法治校与校园安全》"照本宣科"地和学校管理层分享，从而强化了干部的法制意识和安全意识……

记得有一次校长培训中心组织我们参观了上海宝钢集团。"百炼成钢"使我联想到我们学习中"凝练教育思想"的环节，从几十年的教育生涯、十几年的校长办学经历中去"凝练思想"，的确是一件复杂和费神的事情，但却是一件必须做好的事。"钢水"只有经过复杂的"淬火"才能成为有形有质有用的"钢"，我们也只有用心细致梳理我们办学过程中的点滴实践，再上升到理论的高度去反思实践，才能更清楚地思考"办什么样的教育、怎样办教育、为谁办教育"等问题，也才能在未来的办学过程中有更为自觉的符合教育规律、国家和时代对人才需求的教育思想和更好的修为。

在培训的后期有一个重要环节就是要求每个受训校长进行办学思想分享，然后专家进行现场点评。每一个校长的办学思想分享，都再现了他们各自不同的教育实践的经历、路径、方法、追求……无论他们是在农村乡镇学校还是城市中心学校任校长，他们对教育的执着、坚守、忠诚、热爱都在他们的分享中凸显了出来，他们用辛勤和智慧在校园里耕耘着，书写着自己的教育人生，追求着自己的教育梦想。他们的分享给了我很多感动和启发。苏霍姆林斯基说："领导学校，首先是教育思想上的领导，其次才是行政上的领导。"贵阳市花溪区实验中学虽然只有十余年的办学历史，但秉持"为每一个学生的美好未来发展奠基"的教育理念，我和老师们一起研究学生、学情、课程、课堂，一起在教育教学中实践、前行。专家们的点评更是让我受益匪浅。比如说文本结构要有系统性和逻辑性，文本的概念要一致，且内涵外延的界定要一致，要注意概念之间的关联性等，帮助我们对照文本的基本规范去进一步修改自己拟写的文本；"校长首先要有理想抱负，其次要有信心，三是肯努力，四是讲策略，五是要长期坚持。""教育为社会育才，不仅关注个人，更要关注国家、社会对人才的需求。""学生在成长过程中获得什么样的'养料'，才能健康成长？校本课程如何体现？""思想是建立在昨天实践的基础上，它的力量就是为了明天更好地实践。""任何自我都是未完成的自我，任何思想都是未完成的思想。"这些闪烁着思想智慧的点评，让我对自己的办学思想、教育初心、责任使命有了更深层次的思考：立足当下实际，学校教育还应该做哪些事、怎样去做，才能"为每一个学生的美好未来发展做好铺垫？我和教师们将进一步去梳理和反思（课程理念、设置、培训，教学模式、质量……），然后脚踏实地地去践行。"教育者，非为已往，非为现在，而专为将来。"

学无止境。我会珍惜学习的机会，以学促思、以思促行，在学校管理的实践中不断提升自己的管理水平。

二、在实践中成长——引领和辐射

以"名校长工作室"为引领搭平台，促进教师专业成长。

（一）建章立制，保证工作室活动顺利开展

根据《贵州省中小学名校（园）长工作室建设标准》制定了工作室方案、目标、考核制度，拟定了主持人、成员、学员的目标职责、个人发展规划，从制度上保证工作室活动正常开展。

（二）"基地校"建设发挥示范作用

名校长工作室建在工作室主持人所在的学校，工作室的活动主要以此为"源点"开展。在这个过程中，我们姑且把主持人所在的学校作为工作室的"基地校"。工作室成员、学员在不同的学校，样态不一管理模式也会有所不同，在开展活动的过程中，我们把"基地校"抓教师专业发展作为成员、学员学校可以借鉴、复制的重点，充分发挥"基地校"教师专业发展的示范作用。

一是学习活动的示范。近几年来，"基地校"有目标、有计划、有针对性地组织全体教师以带着问题自读、专题阅读、阅读分享等多层面多维度的学习，如学习《关于全面深化新时代教师队伍建设改革的意见》、《中华人民共和国教育法》、《中华人民共和国教师法》、《贵州省"十三五"中小学教师继续教育管理办法》（试行）、《义务教育学校校长专业标准》、《中小学教师专业标准》（试行）、《义务教育学校管理标准》、习近平在全国教育大会上的讲话等文件以及讲话精神……阅读了《从优秀教师到卓越教师》、《学校变

革，我们一起来！——教育引导者的 12 种角色》、《学习性评价行动建议 200 条》、《非暴力沟通》、《非暴力沟通实践篇：任何场合都能平和而高效地沟通》、《联合国教科文组织教育理念典藏系列》、《学校管理创意策划 60 例》、《教育魅力——青年教师成长钥匙》、《学校管理从何入手》、《关键在问——焦点讨论法在学校中的应用》等书籍，在如何组织有效学习、阅读什么、为什么读、怎样读等方面，学校的目标制定、方案设计、实施过程、效果评估等都会通过工作室活动的形式分享给成员、学员，以供他们在学校管理中借鉴。

二是名师骨干的引领辐射。"基地校"有正高级教师 2 人，副高级教师 21 人，市管专家 1 人，特级教师 1 人，省级名师 1 人，市级名师 3 人，市级骨干教师 11 人，市级教坛新秀 7 人，区级骨干教师 21 人。先后有市级名校长工作室 1 个，省级名校长工作室 1 个，省级乡村名师工作室 1 个，市级名师工作室 3 个。在省名校长工作室的引领下，"基地校"省市名师工作室从 2018 年 9 月至今共送培送教至全省 34 个区县市 30 余所学校 8000 多人，充分发挥了传、帮、带的作用，真正做到了"提升自我，帮助他人"。"基地校"教师也在 2020 年 9 月至今的省市区各级各类教育教学活动中获奖 193 人次。学校被省教育厅评为"贵州省中小学幼儿园教师专业发展示范基地校""国培计划"等教师培养培训项目实施基地校。

以"市级名师雷剑工作室"的引领辐射为例。雷剑是省级名校长工作室学员、省乡村工作站成员、市级名师工作室主持人、特级教师、正高级教师。他作为名师工作室中主持人，得承担起培养优秀青年教师的任务。他认为在专家的指引下反思自己的教学是多年来被证实的提高教师教学水平的有效途径。名师工作室成立之后，几乎每月都按排活动日，工作室根据成员人数确定成员每人每月平均上公开课的次数，工作室成员及领衔人就课堂教学的各个环节给予指导，同时成员们也会有机会在专家的指导下反复"磨课"，提高课堂教学水平，并针对教育教学中的突出问题进行专题研究。名师工作室每开展一次教研活动，都能带动一批教师努力设计、反思自己的课堂教学，并与同事分享自己成长的经验。在实践的研究活动中，通过教师本身的参与、动手、体验等各种学习方式，在一次次磨炼和反思中不断提高自己的教育教学能力和专业素养。

名师工作室积极为教师的科研实践活动和活动后的反思环节提供机会。教师的科研活动对教师的成长非常重要，但是反思环节也同样重要。因为只有通过反思，才能比较全面地看清楚所开展活动中存在的问题和不足，然后大家一起商榷找到解决问题的好办法，也才能促进大家一起互相取长补短，积累经验，不断走向成熟，促进提升和发展。

"基地校"实施教师培养体系，制定教师专业发展五年规划及每年的行动计划。借助贵州省名校长工作室、贵阳市名教师工作室的资源，搭建教师成长的平台。2016 年以来，教师参加教育部"老校长下乡（校）"贵阳市试点工程达 76 人次。在为教育扶贫振兴乡村教育及结伴助力区域教育的过程中收获专业自信，共同成长，履行教育人使命职责。

优秀的校长应该是学校的一面旗帜，引领和带动学校的发展。名校长工作室把"让校长成为学校的一面旗帜"的理念融进每一项工作中，把促进校长的自主成长当成一种使命和责任，在"引领、互学、实践、成长"中砥砺前行。教育需要一种信仰，做校长更是需要一种执着的教育梦想，只有虔诚地置身其中，我们才会和孩子、和教师、和学校一起成长，收获未来的希望。省级名校长工作室六年的经历，还有 2013 年至 2019 年首批、第二批市级名校长工作室主持人的经历，成为我近 20 年校长任职经历中最重要的历史，因为在这些经历中，我不仅仅只是一所学校的校长，还是成员、学员们的"领头人"，不仅见证了一所学校教师的成长，也见证了工作室成员、学员的成长以及他们辐射到的很多学校教师的成长。"名校长"不只是一种荣誉，更是一种教育人的责任、使命与担当，即使我只有一年多的时间就要退休了，但我一定会继续履行职责，有作为，不负组织重托不负使命担当。

在初中道德与法治课堂中培养九年级学生建立目标和抉择能力①

张昌彦

贵阳市花溪区实验中学

九年级的学生即将初中毕业进入一个新的学习阶段，如果教师在教学中能够协助他们归纳自己初中三年的收获，正确认识自己，培养他们建立目标和抉择能力，他们就更容易做出正确的选择，明确以后的道路。例如，在部编版《道德与法治》九年级下册第七课《从这里出发》第1课时《回望成长》教学中，教师可以引导学生通过体验与感悟，在总结得失的前提下，订立可达到的目标、建立相应的目标思维及行为，以正面和乐观的态度来寻找人生的方向。

一、培养学生建立目标和抉择能力

什么是建立目标和抉择能力？根据正面心理学的理念，发展人类正面物质更为重要，例如快乐、乐观感、盼望、信念、坚强及宽恕，因为这些物质

---

① 以部编版《道德与法治》九年级下册第七课《从这里出发》第1课时《回望成长》为例

可以令人应付人生中的逆境，并起到预防心理失调的效果。故此，建立目标和抉择能力被界定为对可能出现的结果所持盼望及乐观感的内化过程。

盼望是指认知上的目标，以及目标导向的思维及动机（目标可分为长期目标和短期目标，并具有相当的价值及可以达到，令人全力以赴。目标导向思维指青少年透过可行方法达到心中目标的策划能力，以及在实现目标过程中遭遇障碍制订其他途径的能力。目标导向动机指青少年对自己实现目标的能力的评价）。乐观感指一般的正面期望。盼望和乐观感虽然是两个不同的概念，但它们有个共同的主题是"未来取向"。

所以，建立目标和抉择能力包括：具有价值及可达到的目标；规划目标导向途径及在出现困难时使用其他方法的能力；正面评价自己的能力和努力；对将来有正面和实际的期望。

二、盼望和乐观感对青少年的正面成长有积极作用。

为什么说盼望和乐观感是重要概念？它们对青少年的正面成长有哪些积极作用？

盼望及乐观感均属认知概念，青少年的认知发展在发展他们的目标导向思维及动机的过程中担当重要角色。青少年12岁时踏入形式运思期，他们变得能够运用抽象推理及对将来做出现实的计划。故此，这是令他们做出推理判断和选择、设想未来的可能性及订立个人目标的适当时机。但是，这一时期他们也会不切实际、质疑、叛逆、多愁、情绪不稳定，所以需要引导他们以实际及乐观态度探讨对未来的抱负。

在中国的文化长河中，有不少的乐观思想，如"天生我材必有用"，它们都影响着人们的生活态度，而拥有目标和乐观的态度对青少年的成长有正面的影响。西方的研究发现对未来抱有希望的学生会精力充沛、有自信，在追求目标时勇于接受挑战，有较高的自我评价、较低的抑郁感和较好的学习成绩。在《回望成长》教学中，教师可以引导学生完成教材第81页"探究与分享"：在成长树上填写果实的名称，引导学生想一想、填一填，三年来，你收获了什么？并进行分享，从而培养他们乐观的认识自己的能力。我们会发现在班级中，学业成绩欠佳的学生会存在不同程度的无望感，也较容易与父母、同学产生冲突，对人生缺乏目标和感到不满。此外，对未来乐观的学生会比悲观的学生懂得如何更好地运用各种方法处理不同的问题。

还需注意的是，过分乐观或悲观都是不健康的。过分乐观的人只期望好的事情，而对突发事件未能做好准备；相反，过分悲观的人会被负面看法蒙蔽，削弱他们处理问题的能力。因此，协助青少年以合适的态度面对未来是很重要的。有时青少年对未来的态度可能会取决于他们对现在或过去事件正面或负面的看法，因此我们要协助青少年在学业和生活上订立可达到的目标，建立相应的目标思维及行为，以正面和乐观的态度来寻找人生的方向。培养青少年的认知发展，评估其达成目标、制订其他途径及更改目标计划等方面的能力，可以提高他们的自我效能感、乐观感、抗逆能力以及在追求目标过程中的毅力。例如在《回望成长》教学中，教材第82页"探究与分享"部分：（1）你如何理解教练所说的"先把自己的心从横杆上'摔'过去"这句话？（2）你是否有过类似的经历？如果有，请与同学分享，这一活动很重要。学生们先在小组内讨论分享，然后推选代表归纳总结，促使他们能正确认识初中三年中的迷茫、彷徨、忧虑时刻，只有勇敢面对，奋力前行才是正确的选择。

三、帮助学生建立目标和抉择能力

那么，如何帮助学生建立目标和抉择能力呢？

在一个实验中：三组人分别沿着长十公里的路步行去三个村子。第一组的人不知道村子的名字，也不知道路有多远，只知道跟着向导走。刚走两三公里就有人抱怨，走了一半就有人放弃，能坚持到底的人所剩无几，大家情绪也普遍低落。第二组的人知道村子的名字和路程，但路上没有里程碑，只能凭经验估计时间和距离。大家一边走一边想知道自己到底走了多远了，大概还要走多久，有经验的人给他们做了解答，但大家还是觉得疲惫不堪，提不起干劲，觉得前路茫茫。第三组的人不仅知道村子的名字、路程，而且沿路每公里都有一块里程碑，大家边走边看里程碑，每达到一公里，大家心里都会有成就感和愉悦感，这些抵消了他们的疲倦，对后面的路程也更有希望，他们很快就到达了目的地。从故事中我们可以看到将目标拆为具体及可以达到的小目标是很重要的。故此，我们可以鼓励青少年制订可以达到的目标，并将目标细化，体验成功感。还可以建议青少年订立奖励制度，以便强化他们追求目标的动机及持续努力。

　　总之，在计划如何促进青少年的建立目标和抉择能力时，我们需要考虑他们的心理认识发展过程。对于初中生，可以教导他们分辨悲观感和乐观感，甚至是过分乐观感，并探讨乐观的定义及他们在未来可做到的事情，鼓励他们以正面和乐观的态度寻找人生方向。其后，他们应该学习如何建立目标导向思维及动机，订立有价值及可以达到的目标，计划实现目标的途径，从而认可自己的能力和努力，并在达成目标的过程中自我奖励。随着他们日渐成熟，我们应鼓励他们将这些技能应用于未来的事业及生活中。

新时代　　新教育　　新阅读

姜了元

贵阳市花溪区实验中学

　　"书读百遍，其义自见"，从古至今，书是我们人类灵魂的载体，在书中，我们可以找到属于自己的世界。著名的雷夫老师说道：当学生以你为榜样的时候，你要他做的事情，自己先做到，我们要学生和气待人，认真勤勉，我们最好就是他认识的人当中最和气待人，最认真勤勉的那个人。是呀，这样的解释无疑是非常正确的，从中学到了很多我们所不明白和不懂的道理，也许，只有读书并读好书才会了解这些。阅读对于每一个人的人生，都具有十分重要的意义。但是，具体到每个人，读书的目的和体验又不尽相同。有的人，为国为民，刻苦读书，矢志不渝；有的人，为著书立说，皓首穷经，终生不辍；有的人，为功名富贵，寒窗苦读、星夜赶考；有的人，为修身养性，山间林下吟书，其乐自知……

一、阅读的重要性

　　历史的长河滚滚向前，我们中华民族也随着这历史的长河奔腾向前，经历了五千年的发展，我们中国已经发展成为世界大国之一，那么，中国是怎么改变了经济科技落后的时代，是如何一步步摆脱"贫困户"的帽子呢？又是怎样成为经济强国的呢？人人读书，带给国家一个前进的基础。读书的文化者，自在清醒，用书中的力量与知识去创造更大的价值，他们翱翔于书中，他们阅读好的书籍，他们在阅读的时候拓宽自己的知识面。阅读在学生成长的道路上，就像一盏明灯，引领着学生们快步走向知识的海洋。

阅读是人类获取知识、启智增慧、培养道德的重要途径，可以让人得到思想启迪，树立崇高理想，涵养浩然之气。中华民族自古提倡阅读，讲究格物致知、诚意正心。只有读书，读好书才能传承中华民族生生不息的精神，塑造中国人民自信自强的品格。阅读不仅拓宽了学生们的知识面，还给了学生们精神上的慰藉。通过阅读书籍还可以培养学生们的做笔记习惯，那么到底读书笔记能给学生带来什么呢？

我认为读书笔记的方式只是简单摘抄好词、好句，并附上页码和书名，以便再次阅读的时候查找。后来在不断地教学中，我不断改善我的读书方法，为了更好地教育学生们，在语文课堂上把绘画和写字结合起来做成图文并茂的笔记，这样更有利于加深对书本内容的理解和记忆，并且将书中的理论运用于实践之中，用自己的勤奋和努力让学生们摘取了成功的果实。在不断引导学生们读书的过程中，学生们也逐渐明白了，阅读能够给自己信心，并且真正将"读书百遍，其义自见"落实到现实中去。

二、语文与阅读的融合

阅读的意义是重要的，通过了解阅读意义之后，作为一名语文老师，那么如何将阅读与语文融合起来呢？有这样一个真实的案例。

在一次语文课堂教学中，为了更好地培养学生的阅读能力，我为学生引进了课外文章《最后的常春藤》，首先我给学生一定的时间，让学生们自己阅读，阅读完成后，一位同学站起来描述：这篇文章主要讲述了一位老画家遇到了一位穷学生，并且身患绝症，在请求之下为其画下了最后一片常春藤叶的感人故事。小说中的老画家贝尔曼是在当时的时代大背景下，努力在社会的最底层挣扎着生存的阶层代表，即使他的一生饱经风霜、穷困潦倒，受尽屈辱，但是他却依然热爱绘画艺术，热爱生命，面对一位青年学生濒临死亡的边缘之际，他用信念，用墙上顽强生长的常春藤鼓励他勇于与病魔斗争，为画出永不凋零的常春藤，风雨交加的夜晚仍坚持不懈地画了出来，最终却因着凉而献出了自己的生命。

是呀，确实如这位同学所说，我便将小说的人物形象介绍给学生们，在语文课堂上我是这样讲述的：小说中小乔人物的刻画，是通过肺炎、病重卧床、失望、看窗外的叶落等完成的人物形象塑造，在对这一连串的描写中，采用了动作、心里、语言等多种描写，是用活动及言语表达来完成的。由此可见，小说作者在每一个语言、心理、动作的点上都能抓住重点，描绘得精确而又细腻，充分展现出人物的性格特点。

通过阅读文章，可以暂时有一种似懂非懂的感觉，忽悲忽喜的表情。但通过精读与讲解我们可以明白深藏于文中主人公内心的痛苦，并且作者将其穿插着难解的矛盾，形象生动地表达了这个人物的矛盾心里，也让读者置身其中，感觉当时人物的真实情感。这就是阅读带来的力量与知识。

三、阅读在课堂的实践

阅读与语文融合需要在课堂上通过实践才可以更好地展示出来，那么如何将阅读的力量实践在课堂之上呢？

首先是预习，预习课文后的学生们，已经见到了一些书中的生僻字，通过让学生同桌之间相互阅读学习，然后请读的较好的学生带领大家一起阅读，最后运用学生自主学习的兴趣，相互之间交流如何去学习以及如何去记忆这些生僻字。透过这节阅读课与学生互动交流，我深深地感悟到通过阅读，学生们一起团结互助，通过阅读我们可以知道老师是学生的引路人不假，但是未来路上的发展还得靠学生自己去探索，而老师只是引导、指导，需要让学生们自己合作，探索学习其中的真理，并且在阅读中才能更好地开拓学生的思维创新能力，提高学生们之间的凝聚力与团结力，为以后的发展奠定坚实的基础。

其次通过阅读课堂的分享，可以让学生们看到自己局限思维之外的创新思维，不仅仅如此，通过课堂分享，站在大家面前还可以培养学生们自信、自强的能力，学生在成长的过程中可能会感到害怕或者没有信心，通过鼓励，让学生走出自我世界，从而培养学生成长，走向大众，走近社会。

在阅读时，我们还可以引导学生从听出发：需要培养学生们的听力，也不只是简简单单的听力，学生时期最重要的听力培养是极其重要的，我们需要要求学生们在读书中听书中故事，并了解其中的内涵，然后在心里去理解书中的哲理。培养说的能力是对学生们自身形象的一个提升，通过读书可以让学生培养说的好习惯，说好听的话、说该说的话、说暖心的话，需要让学生们知道见什么人该说什么话，不能一蹴而就瞎说一通。读便更需要我们老师来努力，为学生们选择好的教科书、故事书，让学生们进行朗诵，不仅可以提升他们的阅读能力，还可培养学生们的自信心，让学生们可以更快更好地在人群面前展示自己。我们往往可以听到有很多家长说学生的字写得丑，扭扭歪歪的，在初中学生的这个时期，我们便需要用规范的字体来约束学生们，让他们在学生时期就养成写好书法的意识，一起畅谈书中的故事，训练表达能力，为之后的成长阶段打下坚实的基础。

阅读课文，通过带领学生们走近意境，让学生们走近相关的历史场景，为学生们创设一个环境，激发学习兴趣，通过引导学生们通过自己的阅读以及思考方式去考虑在书中发生的故事是如何变化的。设置提示词，便于引导学生们更快更准确地找到相关问题。拓宽学生们的思维创新能力，促进学生成长。

最后老师通过对比阅读的方式或幻灯片展示方式重现书中的场景，带领学生们走入书中的深处，并询问学生通过情境再现仿佛看到了什么？听到了什么？闻到了什么？在这样的氛围中，你的感受是什么？和同桌说一说。故事是如何变化的？接着通过预设、评价、表达式的展现让学生们感受到了书中人物内心以及行为的变化，在这个过程中适当的鼓励可以让学生们更加释放思维创新能力，更能学好课文。

　　阅读带给学生们最大的意义，是无限的快乐，让学生成为一个更好的人。"生活不只是眼前的苟且，还有诗和远方。"人生，因阅读而精彩，因此，我们需要将阅读与语文融合起来，才能更好地走向未来。

让深度学习走进初中道德与法治课堂

刘　艳

贵阳市花溪区实验中学

学习共同体是一种高效的学习组织形式，能有效促进学习者的进步成长。当前中学生学习道德与法治学科存在着课堂困境、人格困境和教学困境这些问题，可以通过打造学习氛围，形成平等的课堂环境。充分利用议题式教学设计等方式，改进自身教学，帮助学生从浅表学习、虚假学习走向深度学习，让学习真实发生。

一、在学习共同体中走向深度学习

学习共同体理论是在共同体理论研究基础上的进一步发展。把共同体引入教育领域即成为学习共同体，它的内涵非常丰富。对"学习共同体"的探索可追溯到美国教育家约翰·杜威提出的学校概念。杜威认为，教育即生长，教育即生活，学校即社会。虽然杜威并没有直接提出学习共同体的概念，但他的很多观点与当前学习共同体思想是一致的。日本东京大学佐藤学教授将 21 世纪的学校设定为"学习共同体学校"，认为学校是学生共同学习成长的场所，是教师作为专家相互学习的场所，是家长与市民参与教育实践，并进行学习的场所。而威廉·马内洛伊认为，学习共同体这一术语其实就是学习型组织的改换。

对于学习共同体的界定，学术界也是众说纷纭，不同的学者基于不同的视角提出了不同的定义。总体来说，学习共同体就是由一个学习者及其助学者（包括教师、专家、辅导者和家长等）共同构成的团体，他们具有共同的目标，经常在一定支撑环境中共同学习、分享各种学习资源，进行相互对话、交流和沟通，分享彼此的情感和体验，共同完成一定的学习任务，通过共同活动形成相互影响、相互促进的人际联系，并对这个团体具有很强的认同感和归属感。

自 19 世纪末学习共同体概念提出以来，学术界对其进行了大量的研究工作，证明了学习共同体是一种高效的学习组织形式，能有效促进学习者的进步成长：有利于激发成员的学习主体性和积极性，有利于发掘和共享共同体资源；有利于培养共同体成员的合作意识和团队精神。与个人处于孤立、封闭的学习状态相比，学习共同体要求其成员能够互惠互利、优势互补，营造宽松、和谐的学习氛围，并能提高学习效率。总之，学习共同体是由学习者及其助学者共同构成的团体，他们共同学习、彼此分享知识和经验，追求学习的高效率。同质性、民主性、合作性、开放性、反思性是学习共同体五大特征，具有积极的意义。

二、当前中学生学习道德与法治学科存在的困境

习近平总书记在学校思想政治理论课教师座谈会上强调，思想政治理论课是落实立德树人根本任务的关键课程。随着近几年贵阳市新中考的改革，更加要求政治性与理论性的统一、价值性与知识性的统一、建设性与批判性的统一、统一性与多样性的统一、主导性与主体性的统一、灌输性与启发性的统一，在课堂教学中实现学科核心素养的转化。但是，目前中学生在初中道德与法治学科的学习中大多仅停留在理解、记忆这些低层次的水平，到高年级需要掌握更多的、专业性更强的知识，这也就是说学生需要大量的记忆课文内容，这也导致学生很容易放弃，甚至成为"学困生"，主要原因是学

习并未真实发生。

1. 课堂困境

在陈静静老师的《学习共同体 走向深度学习》这本书中提到，中小学课堂上虚假学习、浅表学习的学生大量存在，虚假学习和浅表学习的学生根本没有真正进入学习状态。结合自己教学中学生的实际情况发现，学生为了逃避老师或者父母的惩罚，采用各种"伪装"的方式来假装学习，老师上课会觉得轻松，上课氛围比较和谐，但是时间长了以后，学生学习困惑的"雪球"越滚越大，逐渐成为"课堂上的观光者"；而浅表学习的学生是以完成外在任务、避免惩罚为取向的学习行为，以机械记忆和反复操练为主，没有自己的探索欲望，没有对问题的深入思考、没有发挥自己的主观能动性，一旦放弃"伪装"和不畏惧惩罚，就将沦为学困生，被中考、高考淘汰。

2. 人格困境

大部分的中国家庭中的家庭事件主要由父母掌握，进入学校教育后，课堂的大部分时间也由教师占据。从幼儿时期开始，大多数的父母对孩子的教育是"乖""听话""懂事"等这些要求，不仅常对孩子有这样的要求，还对孩子做出某些行为符合该标准时，给予表扬和强化，反之则进行惩罚。但是，以上这些要求对孩子来说都比较抽象，也会觉得达到别人的要求就会得到表扬，孩子就不断地猜测做出什么样的行为才是父母满意的孩子，不断强化自己的"猜测"以达到父母的预期。在进入学校后，教师对学生进行对与错、优与差的评价，孩子继续强化自己的猜测来迎合老师。他们从小的生活环境完全是听从安排和被管理的角色，处于被动的地位，未对自己的真实需求和真实困难进行思考，缺乏交流和倾听的机会，需求难以得到回应，这对学生形成自主学习、自主管理的能力是极为不利的。

3. 教学困境

长期以来，多数课堂教学以教师讲授为主，虽然现代学校教育倡导将课堂还给学生、构建以学生为主体的课堂，但是，教师在教学中对自己的课堂仍设置了很多自己要完成的教学任务，给自己定位为本节课的教学目标，而未真正关注到学生的学，教学设计难以满足学生学习的需求，学生只是在配合老师开展教学，并未持续投入学习，进入深度学习的状态。学生配合老师开展的"伪学习"，让老师误以为本节课的教学目标均能实现，直到考试才暴露出问题所在。并且，我们的学校教学和教学考试大多进行的是以知识的理解、记忆为主，难以产生高质量的思维效果。

三、改进自身教学，让学习真实发生

人类一直以来都很关注学校教育的发展，在目前的学校教学中，很多学生在固有教学模式指导下进行的是表层学习，因此，新课程改革后，核心素养导向下引导学生进行深度学习越发重要。我针对自己教学中存在的问题进行反思，不断改进自身的教学方式和理念，促进学生在初中道德与法治教学中的学习真实发生。我将从以下三方面进行改进：

1. 打造学习氛围，形成平等的课堂环境

在现有的班级管理模式和学生评价模式下，很多学生之间的关系是不平等的，因为学生的学习成绩、沟通能力、性格态度等方面的原因，被有意无意地进行了区分，存在成绩好的同学说的都对、沟通能力强的同学主导班级管理、性格内向的同学缺乏发言机会等情况。在这样的班级氛围中，学生无法正确定位自己的班级角色，想法无法被人听到，思考变得可有可无，处于比较被动的状态，打击学生深入思考的积极性。因此，我在备课和上课的过程中，重视打造学习氛围，形成平等的课堂环境。首先，营造温暖、民主的班级氛围，从班级学习环境和学生关系着手，请学生分析班级存在的问题，给予学生多观察、多思考、多发言、被倾听的机会，也会让学生对班级学习氛围产生期待，增强主人翁意识，在这样精神放松的情况下，学习才会真正的发生。其次，结合学科特点，选择一节道德与法治课程内容，结合内容开展"倾听—回应"的主题活动课，构建学生之间相互倾听、相互学习的良好关系。在主题活动课中设置小组讨论环节，每个组员均有课前任务，在小组讨论时分享自己的课前准备，再在小组内集体归纳小组成员分享的内容并在全班进行分享，每个小组对前面的发言进行补充，或者分享前面小组的分享对自己产生的影响。通过老师讲学生听的方式引入，引导学生讲学生听，听后进行补充回应或者辩论回应，加之老师的及时点评，让倾听与回应形成一个回路。在课堂的最后请学生对本节课进行总结，提供班级"倾听—回应"建设的意见，并通过制作海报在班级文化墙进行展示，起到提醒的作用。在前期"倾听—回应"的班级氛围构建有一定困难，但是，班级关系民主化、发言权利公平化，学生的声音能得到回应，可以激发更多的孩子思考并发言。

孩子在开始认识这个世界时，基于自己的需求都愿意投入学习，比如在刚刚学会按电梯时都想自己来按，在第一次学习开灯时都愿意自己来打开，都在对学习的东西不断地强化，但是，后期学习遇到苦难时，常常会发出"求救信号"，他们的求救信号得不到回应，会重重打击学习的信心，反之，学生的"声音"能够被听见、有回应，困难得到解决，学生能更好地投入学习，打开学生学习的"黑匣子"。

2. 充分利用"学习单"。

在"双减"政策已经落地的今天，社会各界都从各个层面对其进行了解读，而"双减"政策的实施我们教师也需要对自己过去的教学方式进行整理和反思。大多教学停留在老师完成自己的教学计划，再让学生完成大量的作业，对知识进行反复的复习和巩固，达到对基础知识的识记，并未激发学生的深度学习动机，未达到培养学生思维能力的目标和操作实践能力的训练。教学一言堂、问题不具挑战性、学生课前无准备、课堂学习效果无监测、课后作业繁多却缺思考与挑战等等问题仍然较多。因此，学习设计要贴近学生的生活经验，让学习的过程、学习的结果更加具象化的呈现，可以采用共同备课、制定"三单"即"预习单""学习单"和"作业单"的方式来进行，其中"预习单"是让学生了解基础知识的基本方法，可以让学生在课前完成，而在课堂上则利用"学习单"集中精力去探究学生难以独立完成的"挑战性课题"，并采用"作业单"的方式进行延伸拓展的学习和变式训练等，这样可以更为有效地利用课堂上的学习时间。

在初中的道德与法治学科教学中，有对学生人生观、价值观、世界观的培养，也有政治认同、道德修养、法治观念、健全人格、责任意识的核心素养的落实。所以，我首先对教材、教参、课程标准进行研读，确定本节课的教学目标和学习目标。其次，形成本节课的基础知识和课前准备的"预习单"，让学生在课前就有清晰的认识，知道本节课的学习内容，对自己感兴趣的地方进行问题搜集和资料收集，不让学生在课堂有限的时间里出现长时间的"大脑一片空白"的状态；然后，结合学生生活实际创设情景，设计具有挑战性的"学习单"，在小组合作探究、协同合作中完成教学任务，并进行分享和总结。最后，结合本节课的教学实际布置课后作业，若本节课专业名词多，作业可以是对这些专业名词的识记、查询，也可以是查询与这些专业名词相关的新闻等；若本节课需要走进社会、走进社区，可以布置社会实践类的作业；若本课要求学生尊敬父母、孝敬父母，可以布置"当一天的父母"这类体验式的作业。这些知识不是抄几遍、读几遍就种在学生心里的。

3. 议题式教学设计。

高品质的学习设计是根据学生的需求进行的有效设计，能使学生获得更好的学习体验和学习效果，让每位学生都有机会体会学习带来的成就与乐趣。高品质的教学设计不是引导出学生原有的知识就实现了学习目标，而是在学生已有知识的基础上通过教学活动达到学生的最近发展区，教师关注学生的学习不是只看到教学活动最后的任务完成，还要更关注学生完成教学任务的思维过程。在初中道德与法治学科教学中除了要关注学生的学习活动，还要发展学生核心素养、落实立德树人的根本任务。

议题式教学设计是发展中国学生核心素养的内在要求，体现了新课程标准所规定的课程性质和课程理念要求。在初中道德与法治学科的教学中，开展议题式教学能更好地引导学生进入深度学习。议题式教学与问题式教学、情景式教学、主题式教学、议题中心式教学关系密切，是基于传统教学方式，借鉴西方议题中心教学方法形成的，是对多种教学方法的继承、整合与创新。这是运用多种方法有计划地引导学生进行深度学习、培养高阶思维的一种教学策略。具体的操作步骤如下：首先，在进行教学设计时，为本课主体设计出议题，为学生组建学习共同体，学生根据小组任务在课前进行资料收集；其次，在课上为学生创设情景，展示议题，结合自己搜集的资料共同"会诊"，利用好课堂任务单；再次，请学生分享讨论情况，在给予点评时适时追问；最后，学生形成共同的研究报告。让整个课堂在分享－探究－思辨的过程中，有交流、有倾听、有回应、有思考，让学生在被尊重中激发个性思维和批判思维，从而落实政治认同、道德修养、法治意识、健全人格、责任意识。

总之，道德与法治教师是教学活动的发起者和驱动者，要让学生从浅表学习、虚假学习走向深度学习，关键在于激发学生的学习内驱力，要给学生创设安全温暖的学习氛围、培养学生"倾听－回应"的能力、培养学生自主探究的意识和能力，结合学科核心素养的落实，构建议题式的教学环境，形成高品质的学习课堂，促进初中道德与法治学科学习真实地发生。

"双减"背景下的初中化学作业设计初探

吴建琴

贵阳市花溪区实验中学

在"双减"背景之下，我们的初中化学作业该怎么设计，才能达到课内知识与课后巩固的效果，达到诊断、分析学生学习情况之目的，真正做到提质减负？我就自己的一些具体做法整理如下：一是控制作业总量。二是根据不同的学习阶段，精心设计作业内容。在学习基本实验操作，基本理论、概念和化学用语时，作业设计以体现基础性为主；当学生有了一定知识储备之后，此时在作业设计上就要更注重体现递进性和实践性；三是在单元学习结束或是期末复习阶段，此时的作业设计则以综合性为主。四是丰富作业形式。五是把握作业难度。

中共中央办公厅、国务院办公厅在 2021 年 7 月 24 日印发了《关于进一步减轻义务教育阶段学生作业负担和校外培训负担的意见》，并发出通知，要求各地区各部门结合实际认真贯彻落实。旨在切实提升学校育人水平，持续规范校外培训（包括线上培训和线下培训），有效减轻义务教育阶段学生作业过重负担和校外培训负担（以下简称"双减"）。

参照《初中作业设计与实施指导手册》与"双减"说明，我们教研组展开了积极地探索，在此，就我自己的一些具体做法整理如下：

一、控制作业总量

根据"双减"及"全面压减作业总量和时长，减轻学生作业过重负担，明确初中书面作业平均完成时间不超过 90 分钟"等要求，化学科目折算下来平均每天的作业量就不能超过 12 分钟。

二、根据不同的学习阶段，精心设计作业内容

要想在短时间内达到巩固和检测的双重效果，作业内容的选择就尤为重要，不同阶段的作业要具有不同的特点。

1. 在学习基本实验操作，基本理论、概念和化学用语时，作业设计以体现基础为主。此时的作业着重关注学生对初中化学中的基本概念和原理的理解，学生应知应会的基础知识以及基本的学科思维。比如在学习元素符号和化学式等知识点时，我们可以让学生回家记忆元素符号和化学式，并书写它们所呈现的意义。

2. 当学生有了一定知识储备之后，此时在作业设计上就要更注重体现递进性和实践性。如在学习二氧化碳的实验室制取时，由于学生前面已经学过了氧气的实验室制取，因此这时的作业就可以把两种气体的制取串联起来，让学生根据不同的反应原理来选择不同的装置，以及根据不同气体的性质来设计不同的检验和验满的方法，并让学生尝试着根据自己家中能找到的设备和厨房中的某些物质来制取二氧化碳并验证它的性质。这样由浅入深，层层推进，在让学生进一步巩固相关知识的同时，提升他动手动脑的能力，既增强了他们学习化学的兴趣，又培养了他们在日常生活中的化学思维。

3. 在单元学习结束或是期末复习阶段，此时的作业设计以综合性为主。比如在完成了"化学方程式"这一部分的教学后，我们可以整合前面的某一知识点，设计实验探究，让学生描述反应的现象，再写出对应的化学反应方程式，并从宏观、微观、量三个维度去描述该反应意义；又比如在学完

"酸、碱、盐"对应的知识后，以一个简单的、真实的化工流程为背景，将金属的性质、复分解反应、化学方程式的计算以及水污染的治理融合在了一起，当然，题目设计中要注意层次性和关联性，让学生在完成这个题目的同时自然而然地将各部分知识串联起来，即到达复习巩固的目的，又可提升学生解决实际问题的能力。

三、丰富作业形式

除了传统的书面作业外，我们还可以根据各部分知识的特点，给学生布置不同形式的作业，如口头作业，实践性作业等。

在教授基本化学用语或者其他需要特别记忆的知识点时，可以安排口头作业，如记忆常见元素及原子团的化合价；又如在《物质构成的奥秘》部分，可以通过布置手工制作微观模型的方式来提升学生学习的兴趣；还可充分利用化学与生活联系密切的特点，将家庭小实验设计成课前或课后的作业，引导学生完成后以图片或视频或实验报告的形式提交。如在第二单元学习氧化反应时，我让学生回家观察饭菜变馊的情况以及家里铁锅或菜刀锈蚀的情况，通过对比观察，他们明白了原来这就是缓慢氧化，同时，铁锅或菜刀的锈蚀也为学习第八单元金属的锈蚀奠定了基础；在学习二氧化碳的制取之后让他们回家利用家里现有的资源试着自制二氧化碳；又比如在学习燃烧的条件时，让学生回去做一个纸火锅，并通过这个纸火锅中水沸腾而纸未燃烧，让他们知道加热时水吸收了热量从而使温度无法达到纸的着火点，因此火上的纸不燃烧；在学习化学反应中能量变化前，让孩子们先通过食品包装袋中的生石灰干燥剂与水反应来感受化学反应中的能量变化，并尝试自制澄清石灰水，有能力的同学还可利用澄清石灰水代替水，观察燃着的蜡烛在用玻璃杯盖灭时澄清石灰水的变化，通过水位的上升，进一步验证空气中氧气的含量；在学习自然界的水这部分时，让学生分小组对周边的水体进行调查，并完成相应的调查报告。这些实践活动，充分利用日常家庭中或市面上的一些常见物质，结合化学原理来展开，在让学生明白化学来源于生活的同时，进一步提升学生的化学学科素养，激发他们对化学的兴趣，从而达到提质的目的。

四、把握作业难度

充分了解学生学情，根据不同层次的学生设计不同难度的作业，让所有学生都能学有所获。

作业是课堂教学活动的必要补充。化学教师要在课堂教学提质增效的基础上，布置合理、科学、有效的作业。一方面帮助学生巩固知识、形成能力、培养习惯；另一方面也帮助教师检测教学效果、精准分析学情、改进教学方法，最大限度地辅助化学课堂教学。

初中生物学教学渗透劳动教育的有效策略

黄　瑞

贵阳市花溪区实验中学

初中生物学教学渗透劳动教育，一方面能落实科学、技术与社会教育，另一方面能够拓展劳动教育的实施空间。立足于新时期课程标准的学科融合，结合初中生物学教学的实践经验，探索初中生物学教学渗透劳动教育的有效策略。

马克思提出"教育与生产劳动相结合"的思想，认为要实现人的全面发展，必须进行劳动教育。2020 年 3 月，中共中央、国务院印发了《关于全面加强新时期大中小学劳动教育的意见》，指出："除劳动教育必修课程外，其他课程结合学科、专业特点，有机融入劳动教育内容。"其他课程可成为新时期劳动教育的宝贵场域，通过多种多样的方式将劳动教育与其他课程相融合，能够为劳动教育提供更加广阔的实施空间。教育部 2020 年 7 月印发的《大中小学劳动教育指导纲要（试行）》指出要在学科专业中有机渗透劳动教育。长期以来，各地区和学校坚持教育与生产劳动相结合，在实践育人方面取得了一定成效。同时也要看到，近年来一些青少年中出现了不珍惜劳动成果、不想劳动、不会劳动的现象，劳动的独特育人价值在一定程度上被忽视，劳动教育正被淡化、弱化。对此，全党全社会必须高度重视，采取有效措施切实加强劳动教育。生物学是研究生物（包括植物、动物和微生物）的结构、功能、发生和发展规律的科学，是自然科学的一个部分。目的在于阐明和控制生命活动，改造自然，为农业、工业和医学等实践服务。初中生物学是一门基础学科，与我们日常生活实践和工农医生产劳动息息相关，因此在初中生物学教学中渗透劳动教育是值得探索和实践的。

一、在初中生物学教学中渗透劳动教育的意义

劳动教育是国民教育体系的重要内容，是学生成长的必要途径，具有树德、增智、强体、育美的综合育人价值。在初中生物学教学中渗透劳动教育，能够使生物学与劳动教育之间形成双向的良性互动。一方面，生物学能够拓展新时期劳动教育的实施空间，让劳动教育"活"起来。另一方面，初中生物学只有将劳动教育纳入自身视野，才能真正落实科学、技术与社会教育，激发学生学习生物学科的兴趣。

1. 让劳动教育"活"起来

在中考升学压力下，学校往往会忽视劳动素养的培养，初中劳动教育被边缘化、虚无化。劳动课被中考的重点科目取代，大扫除被学校的物业公司承包，学生不尊重他人的劳动成果的现象日益突出。在家庭教育中有太多的家长认为家务劳动与孩子无关，有太多的孩子置身于家务之外。殊不知，不做家务，反而让孩子的人生离成功越来越远。还记得轰动教育界的魏永康事件吗？8岁进入重点中学读书，13岁上大学，17岁考入中科院。就在大家期待魏永康继续创造他的"传奇人生"时，他被学校勒令劝退。被劝退的理由，让人瞠目结舌："生活自理能力太差。"诺贝尔物理学奖获得者朱棣文说："很难想象那些只会念书，连煎蛋、煮蛋都不会的孩子，会懂得怎么做实验。"实验是生物学教学的重要内容，生物学课程设置中包含很多日常生活类实验，例如酸奶的制作、自制甜酒、葡萄酒的酿制等，还包含了现代科技类实验，例如植物的组织培养等，与生活生产实践以及现代科学知识紧密联系。因此，在初中生物学教学中渗透劳动教育，既增加了学生动手劳动的机会，又加强了劳动教育中现代科学技术知识的融入，能够最大限度地激发

学生参与劳动活动的兴趣，推进劳动教育由实践走向深入。

2.落实科学 STS 教育

初中生物学教学中渗透劳动教育，有利于增强学生主动学习的动机，提高学生敬畏生命的情感，健全学生的人格。

生物学科是研究生命现象和生命活动规律的科学。最好就是让学生在观察中、在探究中、在实践劳动中获得生物知识，这样的知识获得，是学生通过完成任务有益刺激获取的，其所产生的自豪与喜悦，不仅使得知识记忆长久，还能有效增强学生再次劳动获取知识的观念。通过植物种植、动物养殖，在生物教学中穿插类似劳动实践，让学生通过养护亲身体验生命诞生、生长、发育、衰亡的历程，可以增强学生对生命爱护之情、敬畏之心。通过参与渗透劳动教育的学科活动，可以增强学生的团队合作意识，在团队中锻炼交流表达能力、人际交往能力。同时通过研究生命现象、生命活动规律，提高学生发现问题、分析问题、解决问题的能力。提高学生综合素养，健全学生的人格，让学生感悟到独立的个体能在团体劳动活动中的社会价值，增强其社会人的意识，健全学生的人格。

哈佛大学一项长达 20 年的研究表明："爱做家务的孩子，长大后的就业率是不爱做家务的 15 倍，收入比后者高 20%。"劳作训练的是孩子的动手能力，包括逻辑思维能力、观察能力、独立生活能力等，让孩子做事能使其更有规划性和条理性，在同龄人中具有更强的领导力。生物学是与科学技术、社会生产联系紧密的学科，学生通过接触其中的劳动活动更好地掌握生物学知识，更深层次地理解科学技术与社会发展的互作关系，从而有效推动 STS 教育的落地生根。同时，劳动教育有利于改变传统的接受式学习模式，使学生在劳动中获取有关的生物学知识，借助课外校外的劳动活动，例如调查校园周边的生物种类、参观现代养鸡场等拓展了生物学习的空间，从而有效促进学生深度学习的发生。

二、在初中生物学教学中渗透劳动教育的主要内容

对《大中小学劳动教育指导纲要（试行）》中新时期劳动教育总体目标进行分析发现，劳动素养是一个涉及观念、精神、能力习惯等方面的综合体。据此将初中生物学教学中融入的劳动教育分为下述四个方面。

1. 正确劳动观念的树立

劳动观念是人们在生产实践和生产劳动中逐步形成的对劳动活动认识的集合体。劳动观念一旦形成，将会持久固化在人们的意识之中。因此在初中生物学教学中渗透劳动教育，要以树立正确的劳动观念为基本出发点。如今，人们未能树立马克思主义劳动观，忽视了劳动之于人的全面发展和个性发展的本体价值，放大了劳动满足物质欲望和实现财富增长的工具价值，使劳动失去内涵，使人发生异化。在生物学教学中教师应引导学生认识劳动的内涵和价值，树立"劳动是光荣的、崇高的、伟大的、美丽的"劳动观念。

2. 积极劳动精神的养成

劳动精神是人们在生活实践和生产劳动中秉持的理念、态度以及呈现的精神面貌。积极劳动精神的培育有利于帮助学生树立正确的劳动观念，提升参与劳动活动的能动性。在科技进步、文化繁荣、经济富足的新时期，学生的劳动精神匮乏，滋生出好逸恶劳、不劳而获、重智轻劳等不良风气。生物学教学中教师应引导学生领会"幸福是奋斗出来的"内涵与意义，养成勤俭节约、敬业奉献、开拓创新、砥砺奋进的劳动精神。

3. 必备劳动能力的培养

劳动能力是指人们进行生活实践和生产劳动的能力，包含心智和体力双重属性。通过劳动教育，向学生传授必备的劳动知识和劳动技能，加强其体力、智力和创造力，从而使学生具备从事一定劳动活动的能力。劳动能力不是为了形成职业技巧，而是为了培养学生基本的劳动程序和技巧，让学生知道"为什么做，做什么和怎样做"。例如，对甜酒的制作，学生要学会设计实验、合理选择实验材料、掌握实验等程序和技巧，吸取制作经验。人们的

日常生活实践和生产劳动中充斥着大量的生物学知识。因此，生物学教学中教师要让与生物学知识相关的劳动教育成为劳动能力的主要内容。

4. 良好劳动习惯的养成

劳动习惯是指人们在生产实践和生产劳动中的经常性的行为方式。良好的劳动习惯是人们学会生活和适应社会必需的基本素养。生物学实验本身就是一种劳动活动，生物学实验教学是学生养成良好劳动习惯的有效途径之一。在实验过程中，学生需要注意实验操作的安全性与规范化。实验结束后，学生必须认真清洗实验用品，知道实验垃圾的分类处理，逐渐养成"自觉自愿、认真负责、安全规范、坚持不懈"的劳动习惯。

三、在初中生物学教学中渗透劳动教育的有效策略

初中要注重围绕增加劳动知识、技能，加强家政学习，开展社区服务，适当参加生产劳动等方面来开展教学，使学生初步养成认真负责、吃苦耐劳的品质和职业意识。为实现上述 4 个层面的教学目标，在初中生物学教学中渗透劳动教育提出以下三个方面的有效策略。

1. 利用生物科学史的学习渗透劳动教育

在初中生物学教学中，教师可通过讲述生物学知识发生和发展的历史进程对学生进行劳动教育。例如，人和现代类人猿都是由森林古猿进化而来，正是双手的解放，劳动的产生，让大脑飞速发展，人与现代类人猿出现了本质的区别。人的进化是劳动工具和劳动方式的进化，人类及其人类文明的一切成就都源自劳动创造。劳动是真正属于人的本质性力量。中华民族是崇尚劳动，善于创造的民族，因而创造了灿烂辉煌的古代文明和今天的"中国奇迹"。正是因为劳动创造，我们拥有了历史的辉煌；也正是因为劳动创造，我们拥有了今天的成就。再如，在讲授杂交育种的方式时，着重讲述袁隆平的事迹：袁隆平是杂交水稻研究领域的开创者和带头人，致力于杂交水稻技术的研究、应用与推广，发明"三系法"籼型杂交水稻，成功研究出"两系法"杂交水稻，创建了超级杂交稻技术体系。"他用一粒种子，改变了世界；

他创造的物质财富，只有两个字可以形容——无价。而他自己，依旧躬耕于田畴，淡泊于名利，真实于自我。他以一介农夫的姿态，行走在心灵的田野，收获着泥土的芬芳。那里，有着一个民族崛起的最古老密码。"他淡泊名利，他是真正的，真心地为人民而劳动，为人民而付出，他成为我国的心灵首富，真正是当之无愧的！引导学生更加深刻地体悟劳动的重要价值，珍惜每一粒粮食，促使学生树立正确的劳动观念和劳动精神。

2. 结合生物实验渗透劳动教育

生物学是一门实验科学。初中生物涉及的分组实验有 15 个、探究实验 14 个、演示实验 7 个，共 36 个。教师可在完成基本实验教学目标的同时，有机地渗透劳动教育。例如，在生物实验中分组完成实验，根据小组成员进行合理分工：设计实验方案、准备实验材料、动手操作实验、清洁整理实验台和实验室等，在此过程中教师应明确成员的职责分工，让每位学生共事劳动任务，共享劳动成果，体会实验劳动乐趣。特别是实验结束后材料用具的清洁整理，涉及的工作都是相对较脏较累的劳动。如工具的清洁、实验材料的分类处理等。需要教师引导学生科学的安排，并对主动帮忙的学生进行表扬，让学生明确不清洁、不整理的后果，引导学生正面认识体力劳动。

基于知识体系的生物学教学是枯燥乏味的，而将知识教学与日常生活实践和工农医生产劳动情境相结合，既能提高学生对生物学学习的兴趣，又能有机渗透劳动教育。生物之所以为学生所喜爱，很大程度是因为其内容贴近人的生活。特别是生物学下册第四单元《生物圈中的人》，内容主要是围绕人的各项基本活动所涉及的生理结构与功能进行教学。本单元内容难度较大，学生要学好并不容易。但我们可以通过让学生进行生物体结构制作的方式进行教学，既能让学生更加清晰明了地了解人体结构，认清人体生理结构工作的原理，又能渗透劳动教育。例如在人教版七年级生物学下册教材中第四单元第三章《人体的呼吸》中，人体呼吸过程中是胸廓的变化引起的肺部呼吸变化，还是肺部呼吸变化引起胸廓变化及膈肌如何运动引起的这些变化一直是学生学习的难点。突破这一难点的有效办法就是，让学生亲自尝试和实践制作模拟膈肌运动的生物模型。让学生在课余时间搜集身边的材料，亲自动手制作，并亲自动手模拟操作。让学生在"做"中"学"，在轻松的实践下突破知识难点，使得学生体会到劳动增智，更加热爱劳动。又例如在人教版八年级生物学上册第五单元第四章中制作甜酒和酸奶、泡菜部分，可以让学生在家自制甜酒或米酒，做酸奶或泡菜，然后在家长的配合下录制视频分享成果。

3. 借助课内外实践活动渗透劳动教育

劳动教育不能单纯地依靠课堂教学，还需要学生真正的身体力行的劳动实践。在初中生物学教学中，教师可根据学生身体发育情况，科学设计课内外劳动项目，采取灵活多样形式，激发学生劳动的内在需求和动力。中学生还可适当走向社会、参与集中劳动。例如在学习人教版八年级生物学下册教材中植物的生殖内容时，就可以让学生利用大蒜或洋葱进行无性生殖，让学生通过拍照记录，这也和初中劳动教育清单里的种植养护项目"养护"家庭绿植相符合。再如在学习人教版八年级生物学下册教材中的昆虫的生殖与发育内容时，学生就对家蚕的饲养很感兴趣，教师就要积极为学生创造饲养条件，让全体学生参与进来，也能加深家蚕的完全变态发育的概念和生活史。

陶行知说过："生活即教育。"最好的教育，就是从生活中来，再到生活中去。在课外实践中可以开展小农田种植，根据不同季节特点种植不同的植物，学生负责种植全过程的管理。一方面让学生了解生物生长的过程，植物光合作用的意义，另一方面增强学生种植劳动能力，如种植前的整地、育种，测定发芽率等。种植过程中，如何使植物健康生长，将增强植物光合作用的生物知识与农业生产相结合，通过劳动实际，验证生物学科的科学性。种植收成时，可以开展生物"跳蚤市场"，鼓励学生将种植成果进行销售，体会劳动致"富"。又如开展小动物的养殖，蚯蚓的饲养与观察，在小农田处利于蚯蚓增加土壤肥力，又可以用于生物教学观察，一举多得。从而在提高学生生物学知识的同时，培养他们的积极的劳动精神和创造性的劳动能力。

校外实践活动是加强教学与劳动相结合的重要途径，可以使学生身临其境感受生物学知识在工农医生产劳动中的具体应用，从而树立正确的劳动观念。例如在学习鸟的生殖与发育之后参观养鸡场，了解现代养鸡的原理和程序；学习计划免疫之后，教师组织学生到疫苗生产企业参观学习，请研究员介绍疫苗生产的过程和原理；在学习生物多样性之后，组织学生去植物园、动物园进行参观调查生物种类，从而认识到保护生物多样性的重要性，再到社区进行保护野生动物、保护濒危动植物的宣传活动等，从而增强学生的社会责任感。

总之，在初中生物教学中渗透劳动教育，对学生的全人教育，对于他们的终身发展和正确的世界观、人生观、价值观的形成有着积极的意义，我们作为教育者要积极探索具有中国特色的劳动教育模式，结合学校实际，在学科中积极渗透劳动教育。

浅谈信息技术教师综合学习能力的培养

朱　路

贵阳市花溪区实验中学

　　信息技术环境界定是借助现代科学技术，特别是多媒体技术所创设的人—机、人—人互动系统。信息技术环境已成为整个校园与课堂环境中不可或缺的一部分。信息技术正在构造一个网络化、数字化和智能化有机结合的教育环境，也给各学科的教学奠定了基础，提供平台。信息技术环境会给课堂教学带来潜移默化的深刻变化。作为信息技术教师只需要掌握信息技术的专业知识就够了吗？不，那是不够的，我们需要的是所有学科的大融合，学科之间相互渗透的知识，我们不仅要把本学科的专业知识学精，还需花时间去学习其他学科的一些基础知识，并联系实际，这样就要老师们不停地学习，研究。

　　信息技术的教学方法与模式：教学模式是教学过程中诸要素相互作用而形成的组织结构和操作程序。教学方法指的是教师教的方法和学生学的方法，是教师引导学生掌握知识技能，获得身心发展及正确价值观的共同活动的方法。在我的教学过程中几乎采用的是任务驱动法、演示法（教师、学生）。

　　信息技术与学科课程的整合，在课程教学过程中把信息技术、信息资源、信息方法、人力资源、人文生活和课程内容有机结合，共同完成课程教学任务的一种新型的教学方式。信息技术作为目前课堂上常用的一种教学手段，它既是基础也是平台，它是我国面向 21 世纪基础教育教学改革的新视点，是与传统的学科教学有着密切的联系和继承性，又具有一定相对独立特点的教学类型。对它的研究与实施将对发展学生主体性、创造性和培养学生创新精神和实践能力具有重要意义。信息技术与课程整合就是要根据一定的课程学习内容，根据教学的需要，利用多媒体集成工具将学习内容以多媒体、友好交互等方式进行集成、加工处理转化为数字化学习资源。创设一定的情境，让学习者在这些情境中先思考再进行探究、发现、有助于加强学习者对学习内容的理解和学习能力的提高。这里的学习者不只是学生，教师亦是，教师有两个身份一是引导者二是学习者。

如在教授幻灯片模块时，沪教版的内容较容易，很多同学在平时学习、生活中都会使用到，有一定的基础，当然也有一部分同学不熟练，清华版本的教材相对于注教版来说较难些，综合两个版本的特点，首先我会将学生分组，以小组形式呈现，组长组织本组同学共同制定一个主题、搜集资料、素材、每人分工制作模块及设计。这样做的目的，学生做自己喜欢的主题、每人有明确的分工就会人人动手操作，没有一个闲人，相互之间可以互帮互助、互相监督、相互学习，教师全程就是引导、把控范围、带领学生相互点评。主题如热气球、独竹漂、汽车、星球、地球、昆虫、绣球、围棋、宪法、工业革命、追逐历史、足球、排球、篮球、奥运会、极限运动、艺术、钟南山、袁隆平等。热气球、独竹漂、汽车等主题就涉及物理学科知识；星球、地球涉及地理学科知识；昆虫、绣球等主题涉及生物学科知识；宪法涉及政治学科知识；工业革命、追逐历史涉及历史学科知识；足球、排球、篮球、奥运会、极限运动涉及体育学科知识；艺术涉及音乐、美术学科知识；钟南山、袁隆平等主题涉及历史、语文学科知识。当学生做完作品进行展示时，作为教师要进行点评，涉及的相关学科知识我们就要去学习，不一定要很精、很深，但是相应的基础知识还是要掌握的。要学习每个学科的核心素养，采用信息技术手段与之相互渗透、相互融合，有效地进行整合。

美术：在制作幻灯片时离不开美术的色彩搭配、构图、造型设计等。美术又称为视觉艺术或空间艺术，美术作品的分类方法很多，一般来说，美术是指运用一定的物质材料在二维或三维的空间里塑造平面或立体的、含有美学价值的视觉形象，因此美术作品都被纳入了"空间艺术"的范畴。美术涵括绘画、雕塑、设计、工艺、建筑、书法、篆刻和新媒体艺术等。通过这样的过程提升美术学科的核心素养：图像识读、美术表现、审美判断、创意实践、文化理解。通过让学生联系、比较方法感受图像的造型、色彩、空间等形式特征来进行设计，这是发展了学生图像识读能力；通过让学生观察、想象、构思和表现等过程，创造有意味的视觉形象，表达自己的意图、思想和情感，这是利用学生的空间意识和造型意识达到了学生的美术表现。审美判断方面：在设计制作作品时用形式美原理和其他知识对自然、生活和艺术中的审美对象进行感知、描述评价，通过语言、文字和图像等方面表达自己的审美感受，用美术的方式美化生活和环境，显示健康的审美能力，如遇到健康向上的设计时应及时点评。联系现实生活结合主题，通过各种方式搜集信息，进行分析、思考和探究，对物品和环境进行符合实用功能与审美要求的创意构想，并以草图、模型等予以呈现，不断加以改进和优化，这体现出了创意实践，也是信息技术核心素养之一。综合以上特点在制作幻灯片时，色彩搭配、构图、造型、创意要体现得更具体些，点评学生作品时可以从以上美术角度、多维度来评价。

制作幻灯片时，为了解决作品的单调、枯燥，常常会使用背景音乐，插入音乐的方法是多样的，可以采用多种信息技术手段通过歌唱、演奏、综合艺术表演和音乐编创来制作适合的背景音乐，在演唱时同学们也要注意普通话的标准性。不仅在音乐课堂上可以培养学生的艺术表现力，在信息技术课堂上也可以，让学生走进音乐、利用身体的律动融入音乐之中、融入作品之中。以学生发展为本，立足现实，同时面向发展的现代世界，帮助学生在接受经典音乐文化的同时建立平等、多元的文化价值观，背景音乐与主题相契合、相呼应。以祖国的民族民间音乐为主要内容，适当选编世界的优秀民族民间音乐。正确引导学生在注重传承、弘扬我国优秀的民族民间音乐文化的同时，广泛吸取世界各地的民族民间优秀的音乐文化资源，以拓宽学生的音乐视野，提高学生的文化修养。以德育为核心，寓德育于音乐教材之中。在音乐审美体验的过程中，使学生在思想上产生共鸣，得到心灵的陶冶，建立起对自然、对生活、对一切美好事物的关爱之情，养成积极乐观的生活态度，得到显性的或隐性的德育教育。以音乐文化为主要内容，有机渗透相关学科知识。

当学生在设计制作主题为汽车、热气球、独立漂时，我会引导同学们结合我们所学的物理知识进行制作。会用到的知识：阻力、摩擦力、惯性、杠杆原理、压强、电能、机械能、比热容、扩散现象、光学里凹凸透镜的使用等，我就需要提前做功课，将整个初中的物理基础知识学习一遍，这样在跟学生讨论作品时，思路才会更广更清晰。

在做昆虫、绣球主题时，我就会去找相关资料学习，在小组分模块的时候，我会跟学生们探讨相关的方方面面，做提示、做引导。昆虫属于动物，动物就要从形态结构、功能、生殖发育等方面去学习；绣球属于植物的光合作用、呼吸作用、蒸腾作用等，讨论它是否有高等器官（根、茎、叶、花、果实、种子）及它的观赏性等。

在做星球、地球时，就要用到地理知识。比如初中地理里涉及的地球的相关知识：地球的形状和大小、经度和纬度、自转和公转方向、海洋和陆地的分布、七大洲四大洋的划分及界线、板块运动、发达国家与发展中国家（南南合作、南北对话）等。

在做工业革命主题时，引导学生捋清思路，以思维导图的方式来做，三次工业革命其时间、代表、影响、意义、发生国等知识都要清楚，正确引导学生尊重历史、学习历史。

让学生们做感兴趣的主题，这样能促进学生积极性，他们会自己去学习相关的知识，我们布置的任务只是一种手段，这不仅让学生学习，教师也要更全方位的学习，这样才能更好地跟学生进行沟通、交流，这样做不仅能让学生的自学能力得到培养、锻炼，教师的综合能力也得以提升。信息技术不是单纯的计算机课而是一个综合课程，这样对担任信息技术课的教师要求就会更高，我们的信息技术教师要做到像韩愈写的那样：业精于勤，荒于嬉；行成于思，毁于随。

基于学生核心素养培养的高效课堂教学

吴林勇

贵阳市花溪区实验中学

物理教师要认真深入学习新课程改革精神，认真落实"双减"政策，依据 2022 版义务教育阶段物理课程标准，全面认真做好学生减负工作，但是我们物理教师应当把学生已经减小的包袱，让他们自觉自愿地背到自己的肩上，通过不断学习先进教学理念和方法，关注最新物理科技动态，增长丰富自己的专业知识和教学技能，做到"学生减负，老师增富"。在教学中紧紧抓住新课程标准，物理教师应充分发挥物理科的实验丰富和贴近生活的特点，充分调动学生学习物理的兴趣，我们广大物理教师要积极转变教师职能，做好主导工作，做好服务工作，切实保证教育教学的质量不降反升。有趣的学就是玩，有益的玩就是学。针对学生的生理和心理特征，以及义务教育阶段物理课程的特点。我就多年来物理教学中的体会及做法简单讲解一下，希望能起到抛砖引玉的作用。

一、认真做好演示实验，开发智趣实验激发学生学习兴趣

"玩中学，学中乐"一直是我们教育改革追求的目标。开学的第一节课物理教师通过演示几个有趣的实验，从而激发学生强烈的求知欲，引起学生

产生浓厚的兴趣，演示实验在物理教学中有极其重要的地位，丁肇中曾说：
"自然科学理论不能离开实验的基础，特别是物理学，它是在实验中产生
的。"一个好的物理演示实验可使学生终身不忘。以下介绍几个智趣的实验：
①开水煮活鱼；②摔不破的鸡蛋；③海底火山喷发；④纸盒烧开水；⑤冰中
取火。

二、把握课堂提问的方法

中小学教师若不谙熟发问技术，他的教学是不易成功的。学生刚刚接触
物理这门新的课程，年龄较小，好奇心和求知欲都较强，但自我控制能力较
差，注意力容易分散，常常是三分钟的热度。提问的过程中应该怎样把握是
我们物理老师应该注意的一个重要方面。

1. 从生活中的点滴进行提问

在讲解声音的产生时，可以让全班的同学用一只手轻轻地摸在自己声带
附近，然后让学生阅读第一章声现象的章前小故事——非洲草原的大象。学
生读完后，进行提问："同学们读得真好，你知道声音是怎样产生的吗？"（学
生回答什么的都有）然后先不要给出正确的答案接着提问："我想知道你们
放在脖子上的手有什么感觉？"通过学生平时发生在身边但又没注意的同时
层层深入提出问题，让学生深切感到物理就在身边的同时，还让学生逐步掌
握探究的基本方法，使学生自己去探索物理知识，获得成就感，从而增强学
生学习物理的积极性。

1. 从有趣的事物和谚语中进行提问

在讲解第四章物态变化中汽化与液化时，可以风趣地说："我们许多人
家里都有一口大水缸，民间有个说法叫作'水缸穿裙子'老天要下雨。这是
为什么呢？"而在讲解熔化和升华时，可以通过穿插谚语'霜前寒，雪后冷'
进行提问。这样既能增强学生对物理在生活中重要性的认识，又能更深入的
更充分的使学生认识到物理来源于生活，高于生活，培养学生爱物理、学物
理、用物理的科学精神。

三、对学生学习的科学评价

评价要关注学生的学习结果，更要关注他们的学习过程，要关注学生的学习水平，更要关注他们在探究活动中所表现出来的情感与态度，帮助学生认识自我，建立信心。对学生科学的评价尤为重要，学生刚接触物理这一新学科，由于生理和心理特征影响，他们对物理有着强烈的求知欲和兴趣。他们会有许许多多，老师认为奇怪荒诞的想法，甚至是错误的观点。我们物理教师对学生评价时应多用赏识的眼光看待他们，用诚恳的话语引导他们，在批改作业时常加入激励的字词，不要挫伤他们学习物理的积极性，使学生逐步树立学好物理的信心。对于他们错误的观点我们也要加以循循善诱，切不可一毙了之，更不可不了了之，对于一些较复杂的问题可用简练的语言进行讲解。物理是一门严谨的科学，不可任意妄为，从开始就要让学生求知真理，避免以后学生死钻牛角尖，耽误了学生全面发展。

总之，在新课程改革的春风中落实初中物理课程核心素养，我们物理教师要切实做好观念转变，蹲下来和学生交流，我们蹲下的不仅是我们的身体，更有那颗曾经高高在上的心，认真履行主导作用，多动脑筋，丰富我们的物理教学，激发学生的学习兴趣。

聚焦"新媒体艺术"，探寻"中国书法"之美[1]

王 崴

贵阳市花溪区实验中学

书法是汉字的书写艺术，不仅是具有代表性的文化标识，更是独具中华文化的艺术瑰宝。学生通过书法学习不仅可以在苍劲有力、飘逸隽秀、潇洒疏落的笔墨中感受中华民族的悠久历史，而且能够培养学生的审美能力、专注能力等个性品质。然而书法作为传统艺术发展至今并不是一成不变的，而是随着时代的发展而被赋予时代的烙印，如：晋人尚韵、唐人尚法。为了能够让书法更好地传承下去，更加贴合时代的发展，只有以新时代"创新、融合"的思维，将新媒体艺术与书法的创意融合，通过图片激趣、微课展示、分组讨论等方式促使书法艺术以全新的姿态展现在学生面前，才能激发学生学习书法的兴趣，有效提升学生的书法水平。

---

[1] 以初中书法社团新媒体艺术与书法的创意融合实践课为例。

一、初中书法社团新媒体艺术与书法的创意融合实践课例设计

第一课时：

（一）图片激趣，引入新媒体艺术

师：同学们，你们认识的书法都是什么样子？是不是一般都是写在纸上的？

生：是的。

师：那么咱们来通过大屏幕看看这些中国画作品（如下图片展示）。大家看看这些书法有什么特点？

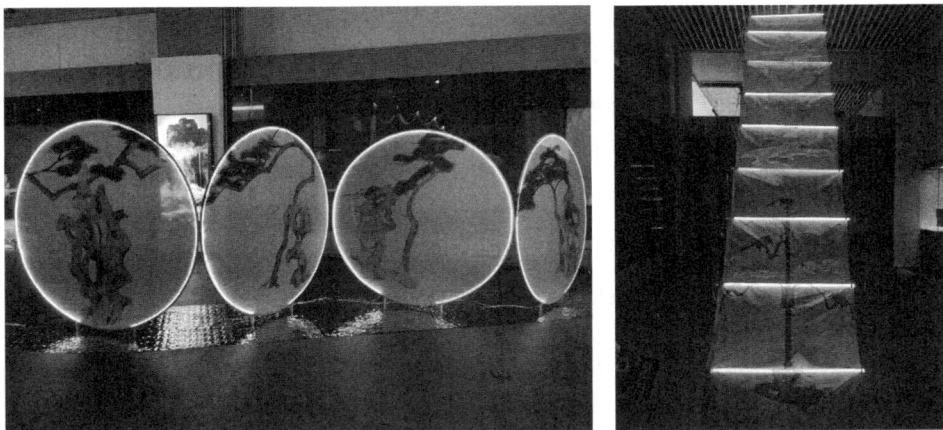

不同形式、不同内容的图片展示瞬间激起了学生的兴趣与欲望，在教师的引导下，学生纷纷说出这些国画作品的特点。

生：光影和国画作品结合。

生：形式与所表达意境相对应。

生：几种字体结合，更加注重内容。

师：回答得非常好！这就是新媒体艺术，今天就让我们一起来学习一下新媒体艺术。

（二）微课视频，讲解新媒体艺术

引入新媒体艺术话题之后，教师带领大家观看新媒体微课视频，视频内容主要讲解了新媒体艺术、新媒体艺术与各学科之间的联系、新媒体艺术的空间表现形式有哪些、新媒体艺术在国内外是如何办展等问题，带领学生认识新媒体艺术。

师：观看完视频后，大家感想应该非常多。首先我们回顾一下视频的内容，什么是新媒体艺术呢？

生：新媒体艺术与纸质艺术不同，是将现代科技技术和人们的艺术思维感想融合起来的艺术形式，更加符合现代人的需求。

师：总结得很好。那么新媒体艺术与各学科之间的联系呢？

生：新媒体艺术与任何学科都可以联系起来，结合学科的特点，运用新媒体技术展示出来，这种创新展示，不仅能够迎合各种人群的需求，而且能够促进新媒体艺术与学科的共同发展。比如，新媒体艺术与书法结合，能够根据所要表达的意境选择不同的字体、字画结合起来进行展示，给人一种全新的感觉。

师：是的，在新媒体时代，看似不相干的两个领域也会有所联系，这是时代的进步，你们作为新时代的学生，也要不断学习、不断创新哦！接下来，我们看下新媒体艺术的空间表现形式有哪些？一种是叙事形式，就是用游戏、故事等方式表现；一种是互交形式，就是让用户参与到其中的形式。新媒体艺术在国内外是如何办展的？是不是有各种各样的形式，给我们带来的震撼特别大。

生：是的，好美，我们也好想参加新媒体艺术展。

（三）分组讨论，合作中激发创意

师：新媒体艺术与各学科的融合迸发出更多的可能性，那么新媒体艺术与书法结合，将会是一种什么样的体验？

生：文字将变得更加有趣，信息传播更加高效。

师：对，那我们就来创新一下。首先，我们分小组进行合作创新，大家根据自己的选择进行自由分组。

第二课时：

班级学生已经自由分成几个小组，接下来，在老师的指导下，每个小组开始合作学习。第一步，选组长：策划组长，执行组长，美工组长，物资组长。第二步，由教师牵头，每个小组的人根据自己所担任的职务分配任务。比如：策划组长带领成员收集小组成员的创意，并综合起来；执行组长给各个成员分配任务；美工组长根据小组创意进行制作；物资组长为小组创意创作提供物资素材等。第三步，在大家的共同探讨下，制定计划方案。第四步，分配好任务后在课下进行准备工作。

第三课时：

根据上一课时各个小组的准备工作，教师进行检查，检查他们的计划、准备等，并及时发现各个小组的问题，他们的问题有：计划不完备、准备不充分、创意不够完善等，在教师的帮助下学生们很快地解决了各种问题。

第四至第六课时：

师：通过前面几节课的准备，大家已经准备充足，接下来就是最重要的阶段，根据方案设计制作。

学生们的创作过程：

1. 确定书法创作的主题，如《兰亭序》；

2. 将收集的素材进行整理与分配，如字体、图画的位置设计等；

3. 摄影摄像、数码设计、数字绘画、动画等模块内容的分配与制作；

4. 完成作品初稿，在初稿上进行修改完善；

5. 作品完成。

第七课时：

师：学生们都完成了自己的作品，大家的创意都非常好。那么让我们为我们作品的展示进行布展。

生：好。

在教师的带领下，学生们纷纷对教室进行布置，自由选择自己作品的展示位置与展示形式，并以小组为单位积极准备讲演稿，通过展示和讲解让大家更加明白小组的创意。

第八课时：

师：每个小组都完成了自己的创意作品，接下来，选派一个代表对作品进行讲解。

小组 1：图片运用字体影响倒置，异影同构的方式，不仅给人一种新颖的视觉感，还充分展示了中华传统文化。

通过学生互评、教师评学，每个学生都有了不同的见解和收获，同时每个学生的书法能力、新媒体技术应用能力、制作能力、合作能力都有所提升。

二、初中书法社团新媒体艺术与书法的创意融合教学反思

（一）教师新媒体艺术能力提升的必要性

新媒体艺术与书法的创意融合是初中书法社团的一次"现代化"翻新。作为一名书法教师，应该主动适应新媒体艺术发展的需求，要熟悉微课平台等现代教学载体的运用，利用好线上数字资源库，为学生的临摹练习提供丰富的资源支撑；利用带有浓厚文化色彩的数字化动画，引领学生在舒缓的音乐中打开"书卷"，带领学生在生动有趣、可观可感的情境中了解书法的奥妙，进而提升书法社团教学的广度和深度。

（二）教师书法教学方法更新的必然性

现代书法教学更加强调技术的拆分讲解，虽然是一种速成学习的方法，但是容易抹杀学生的天性与个性。同时，在社团教学中教师的示范也是一个很难解决的问题，学生观看、临摹很难达到良好的效果。新媒体艺术与书法的创意融合强调学生自主学习能力的培养和自我选择空间的缔造，教师在教学中必然需要在教学方式上做出调整，例如，通过多看书画教学展示台，为学生提供多视角的数学示范，提升基本技能；通过主题活动设计，发展学生书法创造能力；利用互动平台采取"分享法""评学法"等教学方法，对学生书法作品进行实时点播，使书法社团教学更加智慧化、高效化。

总　结

新媒体艺术与书法的创意融合不仅为美术社团教学带来了新的技术，同时也带来了教学的革新。在书法社团教学中，教师既要利用好随取随调的字库资源、丰富的视频教学资源，还要适时转变教学方法，只有将技术的先进性与教学的先进性完美融合，才能促使学生在交互体验中感受书法的魅力，提升书法学习的效率。

基于《梦想课》能否提升教师家校沟通能力的实践研究①

夏金亮

贵阳市花溪区实验中学

教师的家校沟通能力是教师专业能力的重要组成部分，一个教师具备良好有效的家校沟通能力既有利于教师专业成长，也有利于学生学业发展。家长会作为家校沟通的重要组成部分，家长会的有效性一直是家校沟通的难点。本文以校本课程《梦想课》为载体，通过一次梦想家长会进行实践，探索校本课程《梦想课》是否能帮助教师建立有效的家校沟通，提升教师的家校沟通能力。

2001 年我国新一轮基础教育课程改革提出了建立"国家、地方、学校"三级课程管理体系。2008 年作为校本课程范畴的综合素质类课程"梦想课程"应运而生。"梦想课程"作为校本课程在学校的实践，是对国家课程的很好补充。为学生提供了多样的机会，也为教师开展教育科研、实践提供了抓手和便利。通过不断地"梦想课程"实践和理念渗透能提升教师职业认同，帮助教师提高专业技能，帮助教师建立和谐的师生和师师关系，进而推动教师的专业成长。

---

① 以一次梦想家长会为实践案例。

近年在教育变革的进程中，学校与家庭处于前所未有的融合阶段，家校合作理念已融入国家教育政策之中。《中小学德育工作指南》提出"发挥学校主导作用，引导家庭、社会增强育人责任意识，提高对学生道德发展、成长成人的重视程度和参与度，形成学校、家庭、社会协调一致的育人合力"这一系列指导和要求引起了众多中小学教育工作者的关注。在家校合作过程中，与家长最密切的接触者是班主任。班主任是学校与家庭沟通的桥梁，扮演着家校活动的推行者、家校关系的协调者、家校活动资源的开发者等重要角色。因此，努力提升班主任家校沟通能力，让班主任成为家校合作的专业引领者，对于促进家校合作起着重要作用。

家长会是学校就学生情况与家长进行沟通的桥梁，通过家长会，家长了解到孩子在校的情况，老师了解学生在家的情况，并且能就学生出现的一些状况进行交流，采取一些措施，双方齐抓共管。因此如何开好家长会是一位教师高水平家校沟通能力的体现。

下面笔者将结合梦想课程与家长会的融合对教师家校沟通能力的发展进行分析。

一、家长会的现状

通过对不同年级的不同班级的部分家长进行访问，了解到在一些家长的思想里，家长会就是教师的倾诉会，是教师一个人的天下，家长是没有发言权的，所有的疑惑都只能带回家中，对学生的生活和学习管理一如既往，并无改观。每次开家长会都一样——分析某次考试的成绩，说说近期学生在校园的表现。然后对一部分成绩好分数高或有良好学习和生活习惯的学生进行表扬，对部分成绩差、学习习惯有待改进的孩子和家长进行说教和建议。家长们要么被贴上"优秀孩子家长"这样的标签，现场经验介绍，与有荣焉。要么自发贴上"问题学生家长"的标签，听着别人家的孩子那么优秀，自家孩子那么不争气，羞愧恼怒、气愤压抑、紧张失望等不良情绪随之产生，最后家长会结束后回家上演"全武行"。还有一些家长则是不忧不喜，佛系安然，上面老师说得口沫横飞，下面手机刷得不亦乐乎。不少教师戏言：开家长会前学生是什么样，家长会后依旧是什么样。开家长会不再能解决学生问题，更多的是流于形式。

如何充分利用家长会这传统家校沟通平台，达到家校沟通共同为学生的发展而努力的目标？什么样的家长会才能让家长们喜欢？怎样开展家长会才能是真正有效的家长会？我们想到了我校开展的校本课程《梦想课》，于是尝试通过梦想课与家长会的整合，从而使得家长会有效又能提升我们班主任的家校沟通能力。

二、梦想课与家长会的实践探索

"如果你有一个梦想，或者决定做一件事，那么，就立刻行动起来。如果你只想不做，是不会有所收获的。要知道，100 次心动不如一次行动。"梦想课程从开设以来，也有老师尝试将梦想课程与学科课程结合的例子，例如梦想与语文、梦想与地理等，但梦想课程的听众还未曾有过家长。以梦想课的形式开展一次家长会可行吗？怎么做？能做成什么样？三个问题如三座大山压在笔者心头。

1. 如何准备梦想家长会

确定这个想法后，笔者首先研读了相关书籍，如《教师与家长沟通的技巧与策略》。然后根据梦想课程自信、从容、有尊严的教育理念确定本次家长会的目标：家长能用理解、信任、陪伴、鼓励来面对孩子。最后根据梦想课程四环节的备课要求完成家长会活动环节设计。

家长会前一天下午班会课，除了交代学生明天家长会的时间地点外，笔者还邀请每一位同学完成一份特殊作业：发给每个学生一张信笺纸，请每位同学给家长写一封信。要求在信中分别介绍自己家长的优缺点，并且给爸爸妈妈评价一个分数，在信的最后写上一句自己最想对家长说的一句话。

万事俱备只欠东风，家长会当天下午两点，家长们陆续来到梦想教室。虽然不是第一次家长会，但家长们大都不认识，看得出来，家长们有些拘谨。同时大家目光中带着些许好奇，为什么这次的家长会不是在会议室或者班级教室。

2. 梦想家长会的实施

教师：首先感谢各位家长百忙之中到校参加本月的家长会，今天的家长会可能与往日的家长会有些许不同，有四个环节大概需要 120 分钟，请大家将手机调整为静音或振动模式，在家长会过程中，如需接电话请移步教室外。谢谢！为了开好今天的家长会，和大家做两个约定：一是放下手机、认真倾听、积极参与。二是在家长会中会需要大家参与活动，为了让大家有好的体验，当我拍三下手，喊道："为了孩子"。大家就停止谈论，回应我："共同努力"。

进行开场感谢营造轻松愉悦的氛围，告知本次家长会有几个环节需要多长的时间能减少家长不耐烦的心理，有利于家长参与到活动中来。规则交代能保证家长会的纪律要求，提高家长会的效率。正式开始梦想家长会，首先，和家长们玩了一个热身游戏：大风吹。家长们很吃惊，没想到来开会是来玩游戏。但大家都非常配合，当大风吹到现场的男士的时候，所有男士都起立。当笔者采访的时候有的家长说"有点紧张"，但大家都表示乐意接受。当老师说大风吹到"心中有爱，关心孩子"的家长时，所有家长都起立。这时，现场的氛围慢慢活跃起来了。笔者马上提出要求：每个小组快速选出一名组长和一名记录员。家长们一点也不输给孩子，快速完成任务，为家长们点赞。

第一个活动是：老师说。

由班级任课老师向家长们分享自己学科的一些学习规律和学习要点，以及学好本学科的一些方法与建议。也对近期班级整体上存在的学习问题进行介绍并提出合理措施建议。在本环节，笔者在家长会前就与各科任老师沟通过，介绍时不涉及具体的学生名字，不评价学生，只介绍客观存在的现象。

第二个活动是：你打多少分？

本活动是笔者的主题活动，意图期待家长能用理解、信任、陪伴、鼓励来面对孩子。笔者给每位家长准备了打分表，要求为：①请家长在 5 分钟时

间内尽可能多地写出孩子的优点和不足，然后给孩子打分（0—100 分）；②
将打分表在小组内按照顺时针顺序进行传递，分享自己眼中的孩子，传递过
程中大家可以交流。③阅读孩子写给家长的一封信。

这个活动在打分环节，家长们都特别认真用心，笔者观察到部分家长在
长达 5 分钟的时间内一直在书写，而有的家长写了一条两条后就停笔了，还
有的家长对孩子的缺点书写条数远远多于优点，也有家长对孩子优点写了很
多，缺点一条都没有。在传递刚开始交流分享的时候，家长们很拘束，都不
愿意开口，不过笔者观察到传递结束后有家长开始在打分表上添加内容。而
当家长们看了孩子写的信之后，现场的气氛变了。变得沉静，仿佛有什么东
西压抑着。到请家长分享感受的时候，这种压抑被释放了出来：有的家长忍
不住哭了！

其实孩子们也给家长打了分。100 分的妈妈边看边流泪，分享时更是几
度哽咽；跟孩子打出一样分数的家长很是欣喜，感受到与孩子的心灵相通；
0 分的妈妈表示要坚持原则，该管的必须要管，绝不放任……阵阵热烈的掌
声，传递出全场情感的共鸣。在这一刻，孩子们和家长有了一次心灵的碰
撞，一次情感的交流。这一刻，笔者深深体会到：梦想家长会，这个选择太
正确了！

"如果再给你一次机会为孩子打分，你的分数会有变化吗？"听了笔者的
问题，家长们陷入沉思。

第三个活动：大家来支招

每个孩子都是不一样的，每个家庭面对的问题也是不一样的。但在这些
不一样中，总有些问题是相似的。笔者选取了孩子们常遇到的九个问题，来
请家长们共同解决。首先组长抽题，然后小组共同讨论，形成本小组认为可
行的解决方案记录下来，至少写 3 条。最后分享汇报。

拿到问题，组长组织小伙伴展开讨论。有的家长不好意思地说："老师，
我自己没文化，不知道怎么说。"笔者笑着回答："没关系！您想到什么说什
么，如果还没想好，那就听听别人怎么说。普通话、'土话'、'洋土'结合
都行，只要大家能听懂就可以。"看！每个小组都有了成果，他们大方自信

地向大家做分享汇报，赢得了阵阵掌声。

教育孩子从来就不是一件简单的事，孩子的成长也不是"长大了就好"。当孩子的成长遇到了困难，当我们的教育方式出现了问题，别急躁，别放弃，积极面对，寻找正确有效的方法去解决。要知道，我们面对问题的态度，就是给孩子最好的教育。家长会结束后，家长会的影响没有结束，班级群里热闹起来了。大家纷纷发表自己的收获与感受：重新认识了孩子，重新审视了亲子关系，用理解、信任、陪伴、鼓励来面对孩子。

三、实践探索后的反思

后面几天课间休息的时候，有学生过来与笔者聊到，家长会后爸爸妈妈变得和原来有些不一样了，不再总唠叨别家孩子好，打击自己。有学生对我说现在父母比原来有更多时间陪伴自己，等等。见此，我心里非常欣慰：这次梦想家长会开对了，通过梦想课的理念开展家长会，改变以往家长会沉闷的交流环境，让更多家长能说出来，能让家校之间有更多的沟通与理解，能让学校和家长为了孩子的良好发展更好地共同努力。不过本次家长会也有遗憾之处，家长们在小组分享环节还是不够积极，下一次笔者将思考如何让家长们在家长会这平台下能放得开，能勇敢说出来。

"梦想课程"作为校本课程在学校的实践，是对国家课程的很好补充。为学生提供了多样的机会，也为教师开展教育科研、实践提供了抓手和便利。由于受本人专业能力的限制和各种客观条件的制约，本研究还存在很多的不足之处，研究不够深入，需要在将来的工作中不断探索，使"梦想课程"能够与家长会有更多的融合和创新模式，构建高效良好的家校沟通，同时提升教师专业发展，增强教师家校沟通的能力。

在道德与法治课中培养学生的爱国主义精神

吕　炟

贵阳市花溪区实验中学

爱国主义是中华民族精神的核心。让爱国主义精神在学生心中牢牢扎根，是培养社会主义建设者和接班人的基础工程。

作为一名思想政治教师在教学中要深入挖掘中华民族的爱国主义传统，积极阐发新时代爱国主义的具体内涵，使学生明白实现中华民族伟大复兴的中国梦是当代中国爱国主义的鲜明主题，坚持爱国和爱党、爱社会主义相统一是当代中国爱国主义的本质体现，坚持爱国情怀、创新精神、世界眼光相结合是当代中国爱国主义的突出特征，进而引导学生立志听党话、跟党走，将个人理想融入中华民族伟大复兴的时代浪潮之中。

具体在教学中笔者认为应该做到以下几点：

一、要善于利用教材

部编版初中《道德与法治》教材充分体现国家意志，坚持把立德树人作为教育的根本任务。教材以社会主义核心价值观为导向，对初中学生进行爱国主义教育，为青少年健康成长奠定基础。作为老师，我们要学会充分利用教材，抓住时机对学生进行爱国主义教育，培养学生的爱国情怀。

如在七年级上册《少年有梦》一课中，教材就有体现爱国情怀和爱国主义的教育。通过教学，让学生认识到少年的梦想与时代脉搏紧密相连，与中国梦密不可分。生活在这个时代的我们，共同享有人生出彩的机会，共同享有梦想成真的机会，共同享有同祖国和时代一起成长与进步的机会。在教学中，我告诉学生，每一个少年都有自己的梦想，那么，作为一个国家一个民族，也应该有自己的梦想，而我们国家和民族最伟大的梦想就是实现中华民族的伟大复兴，我们称为"中国梦"。作为青少年要把自己最重要的人生志向同祖国和人民联系在一起，为实现中国梦贡献自己的力量。在教学中我还特别列举了一些名人的事例，如我国被誉为"中国航天之父""中国导弹之父""中国自动化控制之父"和"火箭之王"的钱学森，学成必归，报效祖国的故事。以此激发学生的爱国热情。

二、要善于利用时政热点

时政是初中思想政治课教学内容的主要补充，思想政治课教学中不能没有时政教育。作为思想政治教师要善于利用时政教育，让学生了解国内外大事，了解我国政治、经济、文化、科技等方面取得的成就，从而培养学生的爱国主义精神。

如：在讲授《中国担当》这个内容时，教材里讲到，作为世界上最大的发展中国家，中国用有限的资源在较短的时间内实现国家经济快速发展，解决了世界上约 1/5 人口的温饱问题，让七亿多人口摆脱贫困，这是对世界发展的重大贡献。结合中国脱贫攻坚取得胜利的时政，2020 年 11 月 23 日，贵州宣布最后 9 个深度贫困县退出贫困县行列，这不仅标志着贵州省 66 个贫困县实现整体脱贫，这也标志着国务院扶贫办确定的全国 832 个贫困县全部脱贫摘帽，全国脱贫攻坚目标任务已经完成。让学生明白，这是一段永载史册的历史进程，是中国人民和中华民族的伟大荣光。脱贫攻坚战的全面胜利，体现了社会主义制度的优越性，体现了我们党强大的领导力，体现了伟大的脱贫攻坚精神。学生通过学习树立了浓浓的民族自豪感及对祖国的热爱之情。

2021 年 7 月，我国隆重庆祝中国共产党成立 100 周年。利用这个契机我给学生介绍了中国共产党的历史，播放了改革开放以来年我国取得成就的相关视频，让学生去了解自己家乡的变化。通过这一系列教育活动，让学生明白新中国取得的巨大成就，而这一系列成就取得的原因离不开中国共产党的领导。从而培养学生热爱党、热爱祖国的情怀。

三、要善于创新课堂教学方式

2019 年 3 月 18 日，习近平总书记在学校思想政治理论课教师座谈会上提出思想政治教师"政治要强""情怀要深""思维要新""视野要广""自律要严""人格要正"的新要求，这既是新时代思想政治理论课教师授课水平的衡量标准，也为思想政治课教师提高授课能力指明了努力的方向。作为一名初中思想政治课教师，我要认真学习习近平总书记的重要论述，不断总结学生的认知规律和接受特点，发挥学生主体性作用，在不断启发中让学生水到渠成得出结论。

在课堂教学中，不是采用简单的说教而是采用多种方式对学生进行教学。

如：在讲授《依法服兵役》这个内容时，我制作了一个微课，穿插了征兵宣传片，号召同学们"好男儿要当兵"，用有趣的方式介绍了我国兵役的相关制度。在增长知识的同时激发了同学们保家卫国的热情。

在讲授《我们的情感世界》这个内容时，我播放了冬奥会升旗手流下的最美眼泪的视频及学校每周升旗的照片，让同学们讨论，每当看到国旗升起时，我们的内心会产生什么样的情感？同时我还把自己在西沙群岛的鸭公岛上参加升旗仪式的视频播放给同学们看。鸭公岛是西沙海战的战场，当年我们的海军官兵在武器装备都很落后的情况下用海上拼刺刀的精神取得了西沙海战的胜利，在这里参加升旗仪式让我对爱国有了更深一步的感悟。我把自己的感受讲给同学们听，结合刚才的讨论，大家对热爱祖国有了更直观更深刻的感受。

四、要引导学生在生活中培养爱国主义精神

初中生往往会认为爱国是一件离他们很远的事情。热爱祖国只是在口头上说说而已。作为教师我们还要引导学生爱国要从身边小事做起，在生活中培养爱国主义精神。如在讲授《走向未来》这个内容时，要引导学生认识到我们今天好好学习，明天努力工作这就是一种爱国的表现。平时在学校参加升降旗仪式时要主动面向国旗立正、行注目礼、大声唱国歌，这些都是爱国的表现。放假时，鼓励学生走出家门去感受祖国的大好河山，参观博物馆。在课堂上，我经常把自己在假期旅游的照片和学生一起分享。如：黄河源头的两湖一碑，让学生感受母亲河的壮美；西沙群岛的照片让学生知道我们的中国地缘辽阔；腾冲滇西抗战纪念馆的照片讲解，让学生知道我们今天的幸福生活来之不易。

少年兴则国家兴，少年强则国家强。青少年是国家、民族的未来和希望，我们要认真学习、立足课堂，发挥思想政治课对学生铸魂育人的作用，培养青少年的爱国主义精神。

"双减"背景下初中语文作业的思考与设计

姬晓伎

贵阳市花溪区实验中学

在"双减"背景下，语文作业的设计与布置需要有新的思考、变化。本文主要阐述作者在设计作业时降低数量的同时提升质量，设计符合初中学生身心特点的有效作业，提升学生学习的积极主动性方面的思考与设计尝试。

2021 年 7 月，中央办公厅、国务院办公厅印发《关于进一步减轻义务教育阶段学生作业负担和校外培训负担的意见》后，"双减"在全国中小学掀起了一场改革大潮。如何在有限的时间里让学生学习到足量的知识，如何在作业减量的同时，教学质量得到提升成为学校教师着力研究的重要命题。本文意在从当前初中语文作业布置现状、"双减"后初中语文作业应有走势和"双减"后初中语文作业的设计与布置三个方面展开论述。

一、初中语文作业布置现状

作业是检验学生学习效果的重要手段，作为一门基础学科，音、形、意、阅读、写作几方面的能力是检验语文学科成效的重要指标，与此相关的作业几乎存在于义务教育阶段的每一天。但机械性重复的抄写、没有针对性、缺乏趣味性的统一模式、题海战术般的阅读练习以及没有计划、目的不清的写作布置使语文成了初中生"爱不起来"的学科。老师们为了布置而布置，学生们为了应付而完成，在长期而随意的语文作业中，向往新鲜、渴望挑战的初中生渐渐也对语文学科失去了兴趣。

"双减"政策出台后，语文作业的量确实在一定程度上有所减少，但数量减少了不代表形式、内容有变化。抄写从 5 遍降到 3 遍，课外练习册从两本减到一本，作文从写整篇到写片段，大多数的初中语文作业呈现出为减而减，减量也减质的情况，老师们紧盯课本不做拓展，夯实了基础却忽略了思维能力的培养。作业数量的减少带来的是家长深深的焦虑，"量"的变化不意味着"效"的提升。如何在语文作业设计上下足功夫，减量提质是一个必须要面对的问题。

二、对初中语文作业应有走势的思考

《语文课程标准》提出：教师要精心设计作业、要有启发性，分量要适当，不要让学生机械抄写，以利于减轻学生负担。《基础教育课程改革纲要》中也表示：要改变机械训练的现状，倡导学生主动参与、乐于探究的学风，培养学生获取知识的能力、分析和解决问题的能力以及交流合作的能力。可见，我们要培养的不应是学习的机器而是好问善思的人。作业除了为教师提供反馈信息，发展学生智力、能力的作用外，还应兼顾个性、趣味性以达到变被动为主动学习。基于这一点，初中语文作业的设计应兼顾初中学生的身心特点和学科本身的培养方向。

（一）基于初中学生身心特点设计作业

初中学生正处于青春期阶段，从身心发展来说，他们一方面自我意识高涨，开始要求独立、渴望获得尊重。从这点出发，被动地等待老师发号施令、布置作业，往往会让他们感觉到被控制。所以，设计学生可以自由发挥的作业往往能够激发这一阶段学生的自主意识，从而达到化被动学习为主动学习的目的。另一方面他们认知功能快速发展，表现为想象力丰富，记忆力好，学习能力强、思维敏锐。对新鲜事物易产生好奇心，有趣的活动能促使他们更长久地坚持于学习之中，从而达到培养他们持续学习的目的。

从以上两方面出发，初中语文的作业设计应兼具趣味性、多样性、自主性。

（二）基于语文学科特点设计作业

语文学科具有基础性、工具性、人文性、思想性、开放性、多样性、实践性、应用性、探究性、创造性的特点。语文课就是为了培养学生听、说、读、写、实践运用、鉴赏思考、发现美、创造美的能力。作业也应指向以上能力的培养与检验。基于这一点，语文学科的作业确实应该夯实基础、加强阅读、锻炼写作、引发思考。

结合以上两个方面的分析，初中语文作业的设计应在原有基础上变化形式，用不同的方法和载体将知识内容呈现，以个性化的方式、有针对性的吸引学生主动完成，达到巩固学习的目的。

三、初中语文作业的思考与设计

（一）形式多样，不拘书面作业

作业是为了检验与夯实知识，所以形式不该拘泥于书面作业一种，应以丰富的形式布置作业，让完成作业成为一件有趣的事必然会更加高效的促进学习。比如，将背诵作业改为录制文言音频的比赛，为了能录好，学生必然会反复读，在此基础上的背诵就会轻松许多；再如部分片段写作可改为口述，既锻炼了口语表达能力，又减轻了书面作业负担。

（二）以生为本，强调自行学习

机械性、重复性的作业布置目的是为了夯实学生的学习基础，可是在长期的教学实践中，我们发现并不是抄得多就记得牢，学生有没有主动参与记忆很重要。化被动为主动的方式之一就是给学生自主权。比如，字词的记忆，可以由学生相互出题，要求学生将易错字词设计到具体的句子中，根据拼音或词义填空，然后在班级内交换作业本完成其他同学设计的题目。这样，在设计作业时必须运用到具体知识，在答题时又一次调动自主能力，一个作业就巩固了两次知识，同时，互为老师设计作业的方式也能增加作业的趣味性，提升学生主动学习的意识。

（三）分层设计，以期层层提升

过去一个班级布置统一作业的情况非常普遍，这有利于老师检查同一知识点的学习情况，但对于层次不同的学生来说，可能会造成过难或过易而不认真完成作业的情况。为解决这一问题，可以对作业进行分层设计。比如，可将写作作业分为：在规定字数内完整叙事、在规定字数内完整叙事基础上做到首尾呼应、在规定字数内完整叙事基础上做到首尾呼应的同时加入环境描写三个层次，供不同程度的学生选择；再如，可将诗歌鉴赏作业分为：①找出诗中表达作者情感的诗句。②根据诗歌情感，拓展学习，了解该作者生平。③归纳此类型诗歌的三种类型特点，供能力和兴趣不同的学生从自己感兴趣的方面入手，拓展学习。

总之，初中语文作业减量提质是一个必然趋势，教师在设计上下功夫才能在帮助学生在减量的基础上高效完成学习，为后期语文各方面能力的提升打下坚实基础。

读书笔记在教师专业成长中的应用

张昌彦

贵阳市花溪区实验中学

教师的专业成长是教育改革、提高教育质量的关键。教师专业成长在大多数时候指的是教师通过专业学习和专业实践获得有关教育教学的知识和技能，获得自我成长的过程。朱永新教授曾说："读书可以改善教师的专业结构，增强教师的专业智慧，提升教师的专业精神。"阅读专业书籍是教师专业成长的有效途径之一，教师可以通过写读书笔记帮助自己深入思考，提高阅读的效率，并将阅读思考运用于教育教学实践中，学校通过设计教师假期读书笔记助力教师阅读，促进教师专业成长。

一、运用思维导图记录

思维导图有三个特点：一个明确的中心；以中心为基础向四周发散分支；分支是由一个关键词或图形组成，特别适合于信息的整合。

如果要将思维导图运用在阅读上，那么在阅读时要非常专注，抓住重点、整理出关键词间的逻辑，才能将阅读吸收的信息内容画成思维导图。运用思维导图有利于帮助教师专注的读完专业书籍。

读书笔记模板设计如下：

书名	
作者	
主要内容	（可用文字或思维导图） 读一本好书，就如同和一个高尚的人在交谈。——歌德

每个人绘制的思维导图，都是独一无二的，体现的是教师个人对书籍内容的理解。绘制思维导图是循序渐进的思考技术，需要不断练习。网络上有许多绘制思维导图的工具，使用它们制作思维导图会比手绘更方便。

二、"问题式"读书笔记

运用《关键在问——焦点讨论法在学校中的应用》一书中提到的焦点讨论法提供的结构化的提问方法设计读书笔记模板，这一方法包括"O-R-I-D"四个层面，即客观性层面（O），让学习者与外部世界相遇，提出关于事实、外部现实或印象的问题；反应性层面（R），让外部世界与自己的内部经验相联系，唤起个人对信息反应的问题；诠释性层面（I），引导思考原因，发现其中的意义、价值、重要性等问题；决定性层面（D），思考"怎么办"的问题，就是基于以上过程做出结论或做出的决定。

教师可以通过这样一种结构化的提问方式，在读书笔记中设计层层问题，在阅读中反思自己的教育教学行为。

读书笔记问题设计如下（以阅读《学习性评价行动建议200条》为例）：

1. 哪些内容你认为较适用？（摘抄，客观性层面）

2. 这些内容使你想到了自己教育教学过程中的什么事？（教育叙事，反应性层面+诠释性层面）

3. 如果再来一次，你会做哪些调整？（实际应用，决定性层面）

在阅读时带着问题、有研究目的的阅读，有利于教师深入学习和思考，从而促进教师的专业成长。

三、用"拆书法"记录

"拆书"方法，强调以学习者为中心，用知识关联学习者的经验、规划具体要求的运用场景。

阅读的终极目的就是能将知识自由运用在自己身上，对自己的需求有所帮助。"拆书法"可以帮助教师通过阅读解决教育教学中遇到的问题，同时提升学习的能力和解决问题的能力。

读书笔记设计如下：

1. 用自己的语言重述信息或总结自己得到的启发、有价值的提醒。

2. 联系 1 中的信息写下自己相关的经历，或听说、见过的类似事情。

3. 今后如何应用这一信息？

（1）应用的目标

（2）达到目标应实施的行动

温馨提示：

1. 至少按以上步骤完成三条信息的分析。

2. 将三个目标与应用写在便签纸上，贴在你常见的位置。

3. 将三条信息的分析内容整合成一篇小论文。

4. 如果你愿意，可以增加表格记下更多的信息。

四、制作微视频读书笔记

现今互联网改变着信息承载的方式，也改变着信息传递的方式。教师可以将自己的读书笔记制作成微视频，并将微视频与同伴进行相互分享交流。

在《高效能人士的七个习惯》一书中提到，最好的学习方法就是教会别人。在交流中，教师们既是聆听者，分享者，又是帮助他人学习的促进者，通过促进他人学习，自己也能够更深刻地掌握知识，同时也能提升自己的归纳演绎能力、表达能力、交流能力。

读书是教师最好的修行，一个会读书的老师可以将知识运用在自己身上，提升自己的专业能力，使生活和工作变得更好，一群会读书的老师就可以提升学校的教育教学质量，使学校变得更好。

第三编　教育管理

阅卷对语文教师专业成长的促进作用

谢欢欢

贵阳市花溪区实验中学

数字化社会的飞速发展和教育事业的不断完善，对教师的整体素质提出更高的要求，随着核心素养的提出和中考政策的相应变化，迫使教师必须与时俱进，紧扣素质教育，不断更新自己的教育观念、专业知识，提高专业技能，改善教学质量，提升教师专业素养。

随着语文教育改革的不断深入，中学语文教师尤其是一些边远少数民族聚集地区，中学语文教师专业素养和整体水平不适应课程改革和提升语文教学质量之需求的问题日益凸显。导致这一现象的原因很多，教师队伍自身自主发展意识的淡薄、专业成长方法不当，专业发展路径不明等都是语文教师专业成长较慢的原因。

如何提升花溪区语文专业素养，关注花溪语文教师的专业化发展，成为花溪教育局和花溪区语文老师共同要面对的问题。本文从作者自身及身边数名教师通过参加中考阅卷，改善执教班级的教学质量，提升教育教学能力，拓展教学科研能力的例子出发，肯定阅卷对教师专业成长的促进作用，并有针对性地提出促进花溪区语文教师专业化发展的策略。

一、从一场相聚谈起

2021 年 6 月，贵阳市中考语文阅卷现场，很多老师早早地来到阅卷场地，准备加入本次阅卷工作。最近两年贵阳市语文中考阅卷的原则都是先以自愿申请参与阅卷为主，申请自愿阅卷的老师数量不足再由学校推荐为辅的阅卷人员选定制度。以往阅卷工作，尤其是中考语文阅卷工作人员的指定常常是校领导最为头疼的问题，因为绝大部分老师都会想办法推脱。而近两年，特别是今年，贵阳市自愿参加中考阅卷的语文老师日益增多，常常是申请人数超出所需阅卷老师数量的一半以上。

作者来到阅卷场地，发现身边有一半多为熟悉的面孔——均是连续 2 到 3 年参加阅卷的语文教师。了解后得知，大家均为自愿申请参加中考阅卷之人。贵阳中考阅卷，时间紧任务重，要求高，以往老师都认为参与中考阅卷就是 3 年一次的噩梦，是不能不承受的酷刑，而现在大部分老师会在阅卷结束时相约明年在此处再次相聚。

为何以往人人避之如猛虎的阅卷工作，现在却成了抢手的香饽饽了呢？善于学习和总结的语文老师们从阅卷工作中意识到阅卷工作对语文教师专业成长的促进作用。

二、阅卷流程及要求

（一）阅卷及其分类

阅卷指评判考卷或者检察院、法院等政法机关的办案人员审读有关的案卷。本文所指的阅卷专指评判考卷。阅卷按照评阅形式可以分为网上阅卷和纸质实卷阅卷；也可根据阅卷的作用分为选拔性阅卷，检测性阅卷，诊断性阅卷；还可以按照组织机构的不同区分为：市级阅卷、区级阅卷、校级阅卷、班级阅卷、小组阅卷、个别阅卷等。阅卷层级的不同，对阅卷的流程及要求均有不同，除班级阅卷和小组阅卷及个别阅卷外，其他的阅卷流程及要求均有共同性。

（二）一般阅卷流程

1. 分工。选定阅卷总负责人（组长），阅卷负责人（组长）负责安排好本组教师的阅卷分工，集中流水作业，组长召集专题组小组长并在集体阅卷前集中研讨，共同商议评分细则并进行试评工作。

2. 培训。在阅卷专题组长的带领下，组织教师学习评分标准和阅卷要求，并花一定时间对阅卷中可能出现的问题进行培训。

3. 试评。在试卷中抽取一定数量且不同水平的试卷，在专题组长的带领下进行试评，根据评卷老师的评卷结果及考生的答题情况，在评分标准的基础上，制订具体的评分细则。

4. 阅卷。按照评分细则进行阅卷，要做到给分有理，扣分有据，不得随意更改评分标准。专题组统一评分标准。

5. 质检。专题组长不定时对本组教师所阅试卷进行质量检查，发现问题及时纠正。

6. 复核。阅卷后要进行认真复核，发现漏评、漏记或分数统计错误应及时更正。并对评卷人进行再次培训。

7. 所有试题批阅完毕后，由阅卷组长收齐所有试卷，安排登记分数。

（三）阅卷的要求

1. 阅卷教师要树立责任意识、公平意识。阅卷教师要顾全大局，服从组长的分工，评卷中若发现不能自行处理的问题，及时与相关负责人联系。

2. 阅卷必须客观、公正、科学，严格掌握评分标准，认真按评分标准阅卷、打分。严格按照评分细则进行阅卷，要做到给分有理，扣分有据，不得随意更改评分标准。

3. 试卷评阅必须实行流水作业。

4. 阅卷期间要有保密意识，不得泄露与阅卷有关的信息等。

三、阅卷对教师专业能力具有促进作用。

（一）教师专业能力界定及内容

1. 教师专业能力的界定

教师专业能力是指教师以一定的专业知识和基本的专业技能为基础，在教育教学活动中形成并表现出来的、直接影响教育教学活动成效和质量、决定教育教学活动实施与完成所必须具备的个性心理特征的总和。

2. 教师专业能力包括的内容

教师专业能力作为教师专业发展的重要组成部分，孟育群认为教师专业能力主要包括认识能力（思维的逻辑性、思维的创造性）；设计能力；传播能力（语言表达能力、非言语表达能力、运用现代教育技术的能力）；组织能力；交往能力。罗树华、李洪珍等认为教师专业能力包括基础能力（智慧能力、表达能力、审美能力）；职业能力（教育能力、班级管理能力、教学能力）；自我完善能力；自学能力（扩展能力、处理人际关系能力）。

（二）阅卷工作对专业能力的要求较高

要完成阅卷工作，要求阅卷老师必须具备一定的专业能力。阅卷是非常专业的工作，特别是语文阅卷，语文试卷考察的大多是主观题，主观题涉及的理解、概括、归纳，转述等能力，要求阅卷人员必须是具备一定专业能力的专业人士。

（三）阅卷能促进教师专业能力发展

因为阅卷工作对阅卷老师的专业能力要求较高，要完成监督严格的阅卷工作，从一定程度上，阅卷促进了教师专业能力的发展。

1. 阅卷工作能促进教师的理解、归纳、判断等能力

要完成阅卷工作，对于答案的理解，评分细则的解读，需要阅卷老师具

有较好的理解能力，对于学生答案呈现出来的多种形式，各种形式与评分细则的联系需要阅卷老师有一定的判断能力。在阅卷的过程中，每一个分数段所出现的表现形式需要阅卷老师有较强的归纳能力。现在的阅卷工作大多为网上阅卷，大部分为流水作业，且层级越高的阅卷对阅卷老师的监控和阅卷质量都要求较高，在阅卷的过程中为了保持跟大家的一致性，所有的阅卷老师都必须不断理解、判断并形成归纳，在这个反复训练的过程中，阅卷工作促进了阅卷教师的理解、归纳、判断等认知能力。

2. 阅卷工作能促进教师的自学能力和人际交往能力

阅卷工作烦琐而细微，在阅卷中除了理解判断还需要对具体出现的问题进行讨论和交流，在阅卷的过程中，能训练阅卷老师良好的语言表达能力和良好的组织能力，与周围老师相处时候的流通与交流等都促进了阅卷老师的人际交往能力。在交往过程中互相了解的教学故事还可以促进教师拓展反思从而促进教师的自学能力。

在阅卷的过程中，阅卷老师要自我调控自己的工作进度，要能战胜疲劳和困难，对自己的阅卷进度自我鉴定从而自我调控，反思自己在阅卷中出现的问题，在阅卷过程中将学生答案出现的多种形式联系自己的教学，反思自己的教学并对自己的教学进行调整，这是一种自我反思和自我教育的能力，大家对这一研究和思索的过程探讨也可以是教育科研的探索。

3. 阅卷工作能促进教师自我完善、提升职业能力。

"见贤思齐焉，见不贤而内自省也。"在阅卷的过程中可以看到学生答题的大致状况，了解现在的学情，对于比较优秀的答案阅卷老师会反思学生是如何想到的，所执教的老师是如何引导的，自己讲评的时候该如何处理，并对自己的课堂和自己的教学进行完善，这促进了教师自我完善的能力。

反思的过程从一定程度上是提升的过程，阅卷工作是教师专业工作的体现，在阅卷的过程中认识评分标准如何细化，思考如何指定评分标准，怎么让自己的学生答题能贴近评分标准，这是教师提升职业能力的体现。

4. 阅卷工作本质是一次学习培训。

从阅卷对于阅卷流程及阅卷要求的学习到评分细则的熟悉和试评时候的

交流讨论一直到阅卷之时出现问题、讨论问题和解决问题的过程，阅卷完成之后的总结反思都有阅卷负责人全程监控，并对全部老师进行指导纠正，阅卷的过程其本质就是一次学习培训的过程。

培训的出发点大多为提升能力，促进成长。阅卷过程在完成工作的过程中无疑提升了教师的专业能力，促进了教师的专业成长，尤其是对理解和概括能力要求较高的语文学科的教师而言。

四、从二次培训看阅卷对教师专业成长的促进

大多数学校阅卷工作完成之后，都会对本次考试进行质量分析和总结评价，如果是市区级阅卷，还会组织阅卷教师对非阅卷教师进行二次培训，分享阅卷工作中所见到的、所习得的内容，希望从整体上促进教师的专业成长。

但这种综评式的选拔式阅卷一年只有一次，许多教师大多数情况下多为校内完成网上流水阅卷，在阅卷工作中，阅卷老师总结出学生答题出现的优缺点，并对上述问题进行分析，与其他老师交流，这促进了阅卷老师的理解、归纳、判断等认识能力，教师的自学能力和人际交往能力。

在阅卷工作之后的质量分析会上，老师们不仅对所评阅的题目进行分析，还要提出应对方法，提出改进措施。由于是流水作业，阅卷老师想了解其他题目的完成情况也需要认真倾听其他老师的分享讲座，并反思自己的教学，听取其他老师的教学建议将其落实到自己的课堂并不断完善，这种反思和完善的过程就是对教师专业能力提升的促进。

五、结语

统编版教材的运用对所有的语文老师提出了新的考验，如何理解统编教材的编者意图，运用好统编教材，较好统编教材，这是一门学问。光靠教师闭门造车自我摸索可不行，也不能妄图通过一两次"统编教材如何使用"的

培训来达到。要想知道自己做得好不好，做的对不对需要跟大家在一个统一的尺度下来理解衡量，而阅卷能较快地实现这一自我评价的过程。

"学做贵州家常菜"劳动教育教学案例

何应萍

贵阳市花溪区实验中学

一、教学案例设计理念

"一日生活皆课程",相比让学生上一节"劳动课",在课上给学生灌输理解劳动教育的理念,还不如在一日生活里让学生自然地参与劳动。在学做贵州家常菜这一实践活动中培养学生正确的劳动价值观和良好的劳动品质,让学生懂得劳动的不易,从而学会珍惜别人的劳动成果,并培养热爱劳动的习惯和优良品质。本次策划的"学做贵州家常菜"这一劳动教育活动,除了希望借此提高孩子的生活技能和劳动技能外,更重要的是希望他们能够形成良好的劳动习惯。

二、教学案例设计背景

作为七年级的班主任兼科任教师,按照学校的工作安排,每个星期有两天午餐时间需要到班级上跟学生一起就餐。有一天中午,在就餐过程中,我会听见很多孩子说:"哇,这个青椒炒肉太好吃了吧,可是我不会做。"我随即问他们:你们在家做饭吗?很多孩子听了之后都尴尬地笑了笑并告诉我他们都不会做饭。在聊天过程中，我也了解了在校的大多数孩子都不会做饭。早餐一般都是家长准备好的，而晚餐的任务也都是家长来承担。通过和家长的沟通交流，我了解到班上的很多孩子缺乏基本的生活能力。就拿做饭来说，超过一半的学生不会使用电饭煲，大约三分之二的学生从来没有做过饭。对于这个数据我是很震惊的，我开始去思考：到底我们要教育什么样的孩子呢？如果一个孩子到了初中，连一道家常菜都不会做，那我们是不是该为这些孩子担心，是不是该反思一下劳动教育是否真正地开展了吗。于是，我策划了"学做贵州家常菜"这一劳动教育活动，让孩子尝试做一道贵州家常菜，并且写下自己在这过程中的感受，让学生养成爱劳动的习惯，感受到家人平时对他们的关爱，领悟到劳动让生活更美好的这一道理。

三、活动目标

1. 在第一次劳动主题班会中，通过观看贵州家常菜视频，让学生感受贵州美食的魅力，激发学生自己尝试做饭的兴趣和热情。

2. 在第一次劳动主题班会中，通过完成老师制作的"贵州家常菜菜谱"任务单，感受劳动的不易，学会珍惜别人劳动的成果。

3. 在实践环节，让学生在家里自己做出一道家常菜。通过这一活动，让学生在烹饪过程中享受烹饪带来的快乐和幸福。

4. 实践结束后，学生需要完成老师设计的"烹饪感受"任务单。在第二次劳动主题班会课中，通过让学生分享任务单从而明白劳动的意义，体会劳动的快乐，激发学生劳动的兴趣，逐步养成爱劳动的习惯。

四、教学案例主要过程

本次我策划的"学做贵州家长菜"包括三个部分：第一次劳动主题班会、学生实践环节、第二次劳动主题班会。我将从这三个部分呈现整个教学案例。

第一部分：第一次劳动教育主题班会活动过程

活动环节	教师活动	学生活动	设计意图	备注
一 贵州家常菜 我知晓	教师提前把全班分成6个小组。教师讲解第一个活动的规则。	小组成员讨论3分钟，在纸上写出知道的贵州家常菜。看看哪一个小组写出的家常菜最多！	通过小组竞赛的形式，激发学生积极参与的欲望，并且通过倾听其他小组的分享，了解贵州家常菜。	这节课活动较多，为了更好地开展活动，教师需要在课堂开始之前展示课堂约定：认真倾听，积极参与。还可以规定一个课堂口令，便于老师把握课堂。
二 贵州家常菜 我点赞	教师播放提前准备好的贵州家常菜视频。	学生认真观看，完成教师设计的任务单（一）（见附件）	用视频的形式更加生动直观地展示贵州美食的魅力，激发学生尝试自己做饭的兴趣和热情。	
三 贵州家常菜 我准备	教师分发任务单（二）	学生需要独立思考，决定要尝试做的是哪一道贵州家常菜，并且填写老师分发的任务单（二）（见附件）	通过完成任务单，感受劳动的不易，学会珍惜别人的劳动成果。	可以提前让学生做好功课，更好地完成任务单的填写
四 分享与总结	教师引导学生自由地分享。	学生自由分享，主要问题有：1.本节班会课，我们进行了几个环节？ 2.你印象最深的环节是哪一个？为什么？ 3.对你来说，烹饪这道菜的过程中最大的挑战是什么？ 4.对于接下来的烹饪挑战你认为你还需要做些什么准备呢？	通过四个问题的自由分享，让学生回顾本节劳动主题班会课的同时，为接下来烹饪家常菜做好准备，更重要的是心理准备和心理期待。让学生对做好这一道菜有准备，有信心，同时有期待！	教师在这一环节要注意评价的方式，关注到每一个学生。

续表

活动环节	教师活动	学生活动	设计意图	备注
五 结束语	老师：同学们,看来我们都被贵州美食深深地吸引,而且老师看到很多同学已经迫不及待想回家尝试了。记得哦,在烹饪过程中让家长用手机拍摄下整个烹饪过程,你们也可以适当解说。烹饪结束后,请完成一张手抄报。期待在下一次劳动主题班会课中你们的视频分享!另外,请大家一定要注意安全。我们下次课再见!	学生课后实践。做一道贵州家常菜,拍摄制作过程。结束之后做一张手抄报。	真正实践起来,让学生在劳动中体会快乐。	提醒学生的活动要求,反复强调在烹饪过程中的安全问题。

附件：任务单（一）
请认真观看贵州美食视频。观看完之后填写任务单（一）

1. 在刚才的视频中，你印象最深的场景、片段或者台词是？
2. 如果让你用三个词形容贵州美食，你会选择哪三个词呢？
3. 你最喜欢的一道贵州家常菜是什么？家里谁最擅长这道菜呢？
4. 你认为做一道贵州家常菜难吗？如果是的话，为什么呢？

任务单（二）
请独立思考，完成任务单（二）。

1. 你最想尝试做的一道家常菜是 _____。
2. 你认为做这道菜需要哪些食材？

　①　　　　　②　　　　　③

　④　　　　　⑤　　　　　⑥

　⑦　　　　　⑧　　　　　⑨

3. 你能简单分享一下这道菜的做法吗？

第一步：

第二步：

第三步：

第四步：

第五步：

第二部分：学生实践——学做一道贵州家常菜

第一节班会课结束之后，很多学生都跃跃欲试。在实践之前，我让学生用两天时间先去观察家长的烹饪过程，掌握基本的烹饪环节，便于自己的亲身实践。在学生掌握了烹饪步骤之后，学生自己做出自己最喜欢的一道家常菜。要求：1. 家长帮忙将烹饪过程拍摄下来，在制作家常菜过程中，学生也要进行适当的解说；2. 制作完成后，学生要完成老师设计的任务单（三）；3. 自己完成一张手抄报。

任务单（三）

1. 满分 10 分的话，你给你做的这道家常菜打几分呢？

2. 家人对你这道菜有何评价呢？

3. 你觉得做这道菜前期的准备工作中最烦琐的是什么？

4. 你认为做这道菜最大的挑战是什么？

5. 你觉得在烹饪过程中最开心的事是什么？

6. 烹饪过程跟你预期想的一样吗？如果有不一样的地方，你能说说看吗？

7. 烹饪过程中有没有一些意外的小收获呢？

8. 你认为做好这道菜的关键在哪里？

9. 如果让你把这道菜的做法教给一个同学，你会选择教给谁呢？

10. 你准备下一次尝试做哪一道家常菜呢？

学生手抄报作品展示

肉沫炒豌豆

炸酥肉

水饺

西红柿炒鸡蛋

炒花菜

青椒炒土豆丝

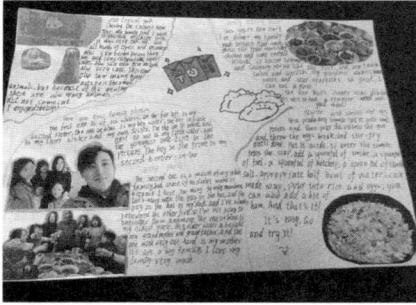

蛋炒饭

泡椒鸡爪

糖醋排骨

青椒拌皮蛋

有学生甚至用图片的形式介绍了这道菜的做法

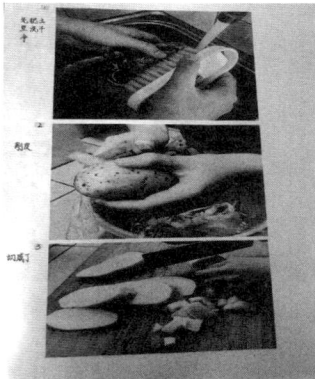

	第一步：先把土豆洗干净； 第二步：削皮； 第三步：切成丁； 第四步：炒熟之后用盘子装起来备用； 第五步：放入花椒、脆哨、酱油和大蒜； 第六步：将刚才盛出来的土豆倒进去一起炒，最后放入芹菜； 第七步：将菜盛出，好吃的干煸土豆丁就做好啦！

第三部分：第二次劳动教育主题班会活动过程

活动环节	教师活动	学生活动	设计意图	备注
一 贵州家常菜 我分享	鼓励学生积极地分享自己拍摄的美食制作视频。	学生提前将拍摄好的烹饪视频拷在储存盘里，带到学校。自由分享自己的美食视频。	通过分享，让学生观看别人的制作过程，也能学习到自己感兴趣的家常菜的做法。下一次烹饪的时候可以借鉴。	在观看视频结束之后，老师要对学生进行表扬和肯定。
二 活动感受	教师利用任务单（三）中的问题引导学生谈谈这一活动中的感受。	学生在教师的引导下，用心分享自己的感受。	问题的设置由简单到难，由客观到主观，让每一个学生都能有话可说，真情流露。	
三 贵州家常菜 我代言	教师引导学生采用多种不同的形式对贵州家常菜进行宣传。形式可以是：宣传海报、广告、采访、小品等。	假如你作为贵州家常菜的代言人，请你和你的小伙伴们从以下方式中选择其中一种对贵州家常菜进行宣传：宣传海报、广告、采访、小品等。	通过让学生扮演代言人，对家常菜进行介绍，再一次让学生体会美食的魅力和劳动的价值。学生在代言的过程中会对自己烹饪的环节再一次回忆，体会劳动的快乐，增加劳动的幸福感。	
四 "我是小小厨师"	教师引导学生完成"我是小小厨师"计划。	学生根据老师设计的表格完成"我是小小厨师"计划。	通过完成计划，让学生在烹饪中养成爱劳动的习惯，增强自己的生活技能！	

续表

活动环节	教师活动	学生活动	设计意图	备注
五 结束语	老师：老师为你们今天的所有分享所感动并且由衷地为你们感到骄傲。刚才我们制定了"我是小小厨师"的计划，我相信你们一定会勤于动手，真正成为贵州家常菜的代言人！	结束之后，尝试做贵州家常菜。	劳动不仅仅是一次尝试，更应该是落实到每天的生活中。从一次尝试到每天的习惯，一步步让学生在各式各样的家常菜烹饪实践过程中养成良好的劳动意识和劳动习惯。	

基于新中考背景下的体育常态课中体考项目的训练

康鸿伟

贵阳市花溪区实验中学

习近平总书记说过："要坚持健康第一的教育理念，加强学校体育工作，推动青少年文化学习和体育锻炼协调发展，帮助学生在体育锻炼中享受乐趣、增强体质、健全人格、锻炼意志。"新的体育课程标准设置了身体发展、运动参与、运动技能、心理健康、社会适应等五个学习领域，充分关注学生的个体差异，重视学生的主体地位，确保人人享受体育与健康。国家把体育纳入中考也是这个目的，而三年一考显然没有完全达到这个要求，学生到初中阶段基本是为了分数而训练，很多老师也热衷于一些快速提高运动成绩的方法，这显然与国家把体育纳入中考的初衷背道而驰。

一、比较"三年一考"和"一年一考"

新中考背景下，体育考试由原来的"三年一考"变为"一年一考"。三年一考存在两个方面的问题：学生方面，初一初二学生认为时间充裕，没有紧迫感，且对以游戏为主的小学体育课转变为有目标的初中体育课不适应，由此产生训练的惰性，然后由于初一初二阶段的训练不足，到初三后距中考标准还有很大差距，为短期内为达到中考要求而加大运动量，在这个过程中学生是被动的，难以让学生在体育锻炼中享受乐趣以及养成运动习惯，并且造成很多学生对体育训练产生抵触情绪。教师方面，学校通过一两次的体育中考成绩来分配体育授课教师，由此造成有些老师成为把关老师，有的老师一直带初三年级，有些老师则只能带初一初二年级。经常带初三的老师为不断提高体育成绩而不断学习各种提高训练成绩的方法，而总是带初一初二的老师会产生惰性，工作松散、上进心不足，没有机会带学生参加中考会降低教师主动学习提高自己的动力。初三接班的老师有时会因为一些班级的学生体能太差，为快速提高体考成绩而采用一些不适合青少发育特点的训练方法，这些训练方法有时会对学生身体造成伤害，这些训练目的就是为了提高分数，单纯的应试，而忽略了对青少年生长发育的影响。

而一年一考有如下优势：一是对学生来说每年都要面对体育中考，每年都有目标要求，且三年的要求是逐年提高，是一个循序渐进的过程，三年不紧张，同时三年也都不能放松。二是对于体育老师来说每个老师都是把关老师，在初一阶段教师就要考虑如何训练提高学生成绩的同时，还要尽量避免学生的抵触心理，注重学生兴趣的培养。学生的态度对于训练效果的影响是很大的，这就要求我们体育老师在体育课及体育训练中加大对学生的关注，还要有科学的训练方法，这就促使我们每一个体育老师都要不断地去学习，不断改进体育课教法和训练方法。

二、体育考试项目变化过程及项目分析

（一）项目变化过程

体考项目变化过程

时间		1995年—2007年	2008年—2018年	2019年至今
项目	初一			800、1000+跳绳
	初二			800、1000+运动技能
	初三	引体向上、仰卧起坐、实心球、50米、台阶测试等	800、1000（可选台阶测试），立定跳远，运动技能。	800、1000+立定跳远

（二）项目分析

第一、800、1000 米是基础项目，对于初中学生属于中长跑项目，对学生心肺功能提高帮助较大。跑是运动之母，也是我们应该首先教会学生的项目。

第二、跳绳是体育运动的润滑剂，通过练习能提高身体的灵敏性、平衡能力、协调性，提高小腿肌肉爆发力。

第三、运动技能加大运动的参与度。

第四、立定跳远是对学生综合身体素质的测试，涉及很多肌肉群，是对学生上肢力量、核心力量、下肢力量、爆发力的一个综合测试。

三、新中考"一年一考"对体育教师的要求

新中考背景下，对体育教师提出了新的要求，针对新进入初中的学生，因在小学阶段的体育是游戏为主，而进入初中后体育的目标性更加直观，且有了考试标准，那么作为中学生必须去参与学习训练以达到考试要求，所以需要体育教师从思想和实践两方面实施。

（一）思想方面：

初中体育教师要让学生知道三点：一是体育要中考；二是考试标准是什么；三是想要达到考试标准就要认真上好体育课，认真参与体育训练。

（二）实践方面：

初中体育课的训练，包括新中考体考项目的训练以及体育与健康所提出的初中三年三个阶段目标的完成。

四、体育常态课该怎么上

从项目上看，800 米、1000 米是基础项目，跑是运动之母，跳绳是体育运动的润滑剂，提高运动技能加大运动的参与度，立定跳远是一个综合测试。

鉴于此，跑，怎么样跑？一是正确的跑姿；二是正确的呼吸方法，从短跑开始训练跑姿，同时也是提高学生爆发力的练习，对立定跳远成绩提高非常有效，学生初步掌握以后，开始呼吸节奏练习也就是呼吸方法的练习，同时体能练习也要加进去。让学生在跑的过程中通过反复练习掌握正确跑姿、正确的呼吸方法，让学生跑得更快、跑得更轻松，从而培养学生跑的兴趣，让学生从被动参与到主动参与，激发学生运动激情，使学生在运动参与的过程中获得满足；中学生学习压力较大，运动过程中的乐趣和参与运动的满足感可以让学生释放学习中的压力，提高学习效果。

在进行 800 米、1000 米项目练习的时候，学生在跑的过程中会出现极点，这时让学生的注意力从速度上转移到手臂的摆臂上，通过加大摆臂的幅度带动步幅以保证速度，同时加大身体前倾角度，并适当降低步频，这样既能保证一定的速度，还能加大腿部肌肉的收缩度，从而缓解肌肉乳酸堆积，增加摄氧量，加大肌肉乳酸缓冲。到这里体现了我们体育课最开始的内容——正确的跑姿的学习在整个过程中的重要性。需要注意的是，极点出现的时候也是考验学生意志品质的时候，这时老师正确的引导、鼓励的话语会对学生意志品质的培养起到很大的作用，学生在教师的鼓励及自我意志力的坚持下完成训练，成绩得以提高会感到满足，获得成功的快乐，同时也释放了学习的压力。

跳绳与立定跳远项目，这两个项目对技术动作的要求较高，所以首先要让学生掌握正确的姿势，其中跳绳项目练习是一项综合练习，经常练习能全面提高学生身体素质，特别是对提升学生身体的协调性、平衡能力有很大的帮助，对提高学生上肢及踝关节力量效果明显，所以跳绳项目练习应该一直保持，而不是初一考完就放弃。同时跳绳项目的练习对学生提高立定跳远成绩有很大的辅助作用。特别注意的是立定跳远项目的训练一定不要力量练习多于技术动作练习，尽量避免重复性的力量练习，例如蛙跳、负重蹲起等，应把技术动作的练习放在首位。

运动技能项目的设立也是对学生积极参与运动锻炼习惯的培养，800 米、1000 米、跳绳、立定跳远这些项目相对来说训练是较枯燥的，运动技能项目的设立就让学生在枯燥的训练中有了运动的乐趣，也能使学生主动地参与到运动中来。

五、注意事项

1. 了解学生的基本情况，主要了解学生的家庭情况、生活水平、饮食情况，目的是了解学生生活中蛋白质和糖的摄入量，在 800 米、1000 米训练中，后 400—600 米主要靠脂肪酸和糖原分解提供能量，如在生活中摄入量不足会造成运动损伤，摄入不足容易出现低血糖、体虚、冷汗、眩晕等症状，教师在训练过程中要注意观察。

2. 建立新生进校健康档案，主要包括学生身体健康状况及父母疾病史，避免在体育训练中出现安全事故。

3. 在训练中不进行稳定的长距离或长时间的有氧训练。研究表明这种训练不能提高人体最大摄氧量，对心肺功能的提高效果很小，现在采用较多的是 HIIT 高强度间歇训练，也就是中间有休息的高强度综合训练，这种训练对人体最大摄氧量及心肺功能提高帮助较大，这种训练不是单一性对肌肉群或关节的训练，过多的单一性训练易造成运动损伤，如反复的下肢力量练习，即蛙跳、深蹲等练习易诱发骨膜炎和筋膜炎。

在体育教学和训练中，不仅提高了学生的身体素质、意志品质，还体现了健康第一的教育目标，以及以人为本的教育理念。

初中历史老照片解读

佘丹丹

贵阳市花溪区实验中学

近年来，随着课改的不断深入，新教材在教学观念、教学目标等方面都发生了革命性的变化，这对教师来说无疑是一个新的挑战。在学习和研究新教材的过程中，笔者注意到新教材在原有人教版的基础上又增加了许多新的老照片。添加的老照片是不常见的，也没有解释其来源的相应教学参考书。如果不了解这些老照片背后隐藏着什么知识，就不能很好地把握教材内容和学生实际情况，难以更好地为课堂教学服务。另外，由于缺乏相关资料，很多人还不敢轻易使用这些老照片。这给初中历史教师的教学带来了很多问题。

老照片就是历史的一面镜子，只有了解过去，才能更好地把握未来，才能培养学生的爱国热情和历史责任感。历史老照片是中学历史教材的重要内容，具有展示历史情境、激活课文文字内容的功能，教师通过讲解历史老照片，引导学生树立科学的老照片意识，通过老照片获取信息、培养观察能力、促进思维活动、活跃课堂。在课堂教学中适当补充一些老照片，可以激发学习兴趣，提高教学质量。初中阶段开设的《世界近现代史》课本增设了大量的老照片。这些老照片不仅数量多而且质量高。但是，如果教师不能对老照片进行讲解，引导学生结合老照片来理解课文，就会影响历史新教材的使用，这将不利于初中历史教学。

一、老照片在历史教学中的作用

"自摄影术发明以来，摄影一直是档案史料的重要组成部分。"老照片是人类历史的真实写照，比任何文献记载都更清晰、更准确、更生动、更形象，是研究历史、了解历史的重要历史资料。因此，传统的历史教学和新课程改革下的历史教学都提倡利用老照片来辅助教学。中学历史教材中有许多精选的老照片，以人教版为例，初中历史教材中大约有160张老照片，宋代郑樵曾说过："古之学者，左图右书，不可偏废。"可见，古代教育家们非常重视利用图片进行课堂教学。老照片不仅能够反映一个国家或民族发展变迁的史实，而且还能为人们提供丰富而有价值的信息资源。老照片有真实性，可以用来证史、补史、探史，教师在教学过程中适当使用老照片，可以丰富课程内容，引起学生的学习兴趣，并培养学生对历史问题的发现和探究能力。

二、浅谈中学历史老照片存在的问题

目前，市场上关于历史老照片的教学参考书很少，研究范围主要是一个历史事件，没有对初中历史老照片的全面研究，也没有对初中历史老照片进行解释的书籍。一些中学历史教师没有充分认识到它的重要性，很少甚至根本没有在课堂教学中加以运用。因此，很多学生对历史老照片知之甚少。有一些学校，即使开设了历史课，但是因为缺少相关资料，致使学生无法理解其中含义；还有一部分学校的历史老师也认为历史老照片可有可无。虽然一些教师看到了老照片的价值，但他们只是偶尔利用老照片来调节课堂气氛，而没有进行详细分析和解释，这就导致了老照片中包含的丰富信息无法被挖掘出来。也有的教师由于缺乏理论指导和实践指导，不能正确使用老照片。导致教师在需要对教学内容进行补充的时候，不能及时对课本中的老照片进行补充，降低了课堂教学的有效性。

三、如何正确解读历史老照片

1. 重视老照片对初中历史教学的价值

目前初中历史教材中存在大量的老照片，但一些中学历史教师并没有充分认识到老照片的重要性，很少或从不在课堂教学中使用老照片。另外，很多学校对老影像资料没有足够重视，没有把它作为辅助教学的手段，将其当作摆设。

2. 了解学生学情解读历史老照片

鉴于老照片在教学过程中的展示效果，我觉得在上课前应该充分分析学生的学习状况、兴趣点、理解水平，寻找能够引起学生强烈兴趣的老照片。在教学的过程中了解学生的情况，是提高教学质量的关键。这一点对于刚刚接触历史这门学科的初中生来说尤为重要。教师一定要从初中学生的实际情况出发，考虑到他们的接受能力和认知程度，从而设计出符合学生身心发展规律的教学方式。因为只有充分了解自己的教学对象，才能使自己的教学目标明确，才能在教学的过程中轻松自如，得心应手。

3. 科学选择历史老照片

科学性是历史教材中选择和设计老照片时必须遵守的最基本原则。要做到这一点，在选择和使用历史老照片时，我们应该看它们是否能够正确地传递历史信息，帮助学生形成正确的历史价值观。同时，也可以从历史发展过程中发现一些带有规律性的东西，作为教学参考。一些历史图片本身有一定的局限性，不能完整地反映历史真实，我们在选择时一定要注意。

4. 适度选择老照片

以往的初中历史教材、老照片都不是很丰富，课文在整个教材中占有很大的比例。学生在收到课本的时候，往往会对历史老照片产生兴趣，所以老照片的数量对他们的学习兴趣有着重要的影响。如果没有充足的图片，就无法理解和掌握相关知识。另外，由于历史老照片的真实性与丰富性，使得它成为课堂中不可缺少的教学资源之一。讲授历史教学的原则还要求在教科书中穿插大量历史照片。在新版教材中，近代史部分穿插了丰富的历史老照片，给学生带来了更强的视觉刺激，当学生看到如此丰富的课本时，他们对历史的兴趣自然会增加。

5. 客观地解读老照片

遵循历史教学客观性原则，作为一名历史教师，不仅要传授知识，更要教会学生如何真实地认识历史和社会，因此，在教学中不能夸大和歪曲历史。通过对历史课上的一些案例进行剖析，并从三个方面阐述了怎样解读历史老照片：尊重史实，挖掘史料；实事求是，全面评价；注重细节，突出主题。从而让学生真正理解历史，客观分析解读老照片，还原历史真相。

结　语

照片作为历史教材中不可缺少的一部分，在增强历史教材的主动性和直观性，激发学生的学习兴趣，传递历史信息，培养学生观察力和思考历史的能力等方面比简单的文字叙述发挥着更有效的作用。然而，老照片作为一种特殊的教学资源却被许多人所忽视。实际上，在很多情况下，老照片都能起到非常重要的作用，甚至有些时候还起着"画龙点睛"的效果。在历史教学中，有时一张老照片可以千言万语，它可以消解时空的障碍，拉近学生与历史的距离、让学生对历史有更好的感受。本课题的研究与历史教材密切相关，对教科书中的老照片进行分类和扩展，探索更多可用于教学的老照片，希望为教师提供便捷的照片参考，使学生更全面地了解历史信息。

浅谈英语听力课堂的多元化教学

沈光浩

贵阳市花溪区实验中学

目前老师在课堂上过多注重语法教学而忽略了听力教学，中学生的英语听力能力不能进一步发展，不利于学生英语综合能力的提高。听力教学的发展和改革势在必行，教师在课堂上要用多元化的教学方式来设计英语听力课堂，采取必要的措施来提高学生的听力能力。

众所周知，英语学习由听力、口语、阅读和写作这四个重要部分组成，他们之间既有差异，也相互关联，相互渗透。只有把它们很好地结合起来，才能提高学生的英语水平，只有把它们很好地融合起来，学生才能领悟到英语的精髓。沟通，也是最初步的感知步骤。学习英语的最终目标是保证社交的实用性和促进国际交流，所以听力是其中非常重要的一部分，它也是语言最基本的形式之一。在英语学习的过程中，我国对初中生听力能力的培养难度比说、写、读的培养难度都还要大，学生的听力能力比书面表达能力要差太多，英语听力对学生来说非常不易提高，不容易养成较好的学习习惯。无论是在中小学还是在大学，训练学生的听力理解能力一直是教师感到头疼的问题，因此得到了教师前所未有的高度重视。

当今中学的英语听力课堂现状堪忧，我觉得和以下几个方面有关。

一、教学方法方面

1. 课本教材没有合理巧妙地运用。如今，新目标英语课本教材每个单元都有相关话题的听力练习。这些听力练习内容丰富，他们分布在 Section A 和 Section B 两个部分。Section A 的听力是基础的听力练习，一般针对单词、短语和基本句型；Section B 部分的听力相对难度要大一些，是 Section A 听力部分的强化。他们针对本单元的句型和话题提出很多问题，是教师培养学生听力的好材料。由于 Section A 部分的听力练习相对简单，老师往往就会采取"听录音、听答案"的授课模式。而相对 Section B 部分的听力，因为难度加大，许多老师都把录音放了三次。如果学生都没有给出正确答案，为了课时进度的安排，老师便直接给出了答案。由此可见，这样的授课方式不但听力材料没有得到充分的运用，学生的听力水平也没有得到相应的提高。

2. 平时练习听力的方法不适当。教师对学生的语速输入也是很重要的一个环节。作为教师平时上课总是想让学生能听得清楚听得明白，创造了一种"慢速"的英语学习氛围。一旦学生形成一种习惯，他们就不能适应正常语音速度的听力材料。比如遇到一些连读、弱读、重读、爆破、浊化等情境就无法听懂材料内容。除此之外，许多学生做听力练习时有很多不良习惯，总是用中文思维来理解所听到的英语材料内容，不能直接用英语的思维方式来理解，这样的话就不能直接将材料信息转换成一种场景。这种中文式思维转换模式会影响听力理解的反应速度和听力的记忆效果。还有一些学生做听力理解，经常纠结在一两个单词或句子，影响了文章主要内容的理解。

二、英美不同发音方面

英美发音各不相同。学生在小学刚刚接触英语的时候，接收的单词发音都是标准的英式发音，但现在新目标课本里的英语单词，部分朗读用的是美式发音。虽说在教授单词过程中，教师也能在平时教授学生标准的美式发音，但先入为主的思维方式，让很多学生只会英式发音，不会美式发音。在日常的教学过程中，一旦有美式发音出现，一些学生不熟悉发音的差异，便产生了听力障碍。倘若自己发音也不标准，那就更难听懂标准发音的单词，辨音能力就弱了，不能正确辨别一些发音容易混淆的词，如 mouse，mouth，house，horse 等。语音基础的优劣直接影响听力水平的高低。为了促进学生听力水平的提升，教师应鼓励学生在语音学习中多听多练习，加强训练，以语音学习促进学生发音能力的提升，带领学生在多元化练习中提升英语语言能力与听力水平。

三、被动听和主动倾听的不同效果

现在的英语课堂，特别是那些乡村学校，平时的课堂教学大部分都缺少辅助性的听力设备，并缺乏一定语境的教学环境，因此掌握一些实用有效的听力教学方法迫在眉睫。听力是打开语言的一种能力。它分为被动听和倾听两部分。被动听意思是仅仅只是听其他人说英语。后者指的是聆听其他人说英语后，他不仅能发现其特点，在发音、语调上，也能分辨出英式发音和美式发音之间的差异，并尝试模仿，同时可以纠正一些发音上的错误。倾听能力的内涵更为重要，因为它包括通过倾听和掌握其主要思想和要点，并能通过发音，语调来揣摩对方的真实意思。那么，改进听力教学质量的具体策略和方法是什么？我认为提高听力理解能力的方法是通过提高听力训练的质量，从这个意义上讲，倾听是提高听力的基本途径，但绝不是唯一的方法，它也可以通过外部手段进行培养和改进。

下面是一些提高听力理解的基本方法和相应的教学方法的建议。

（一）培养学生的听力兴趣，增强学生的听力信心

心理学研究表明，兴趣是最好的学习动机。听力能力是一种信息的处理能力，是接收与认知的一个过程。这是一种积极的学习能力，而不是一种被动的感知能力，更不能说是一种纯粹的声学了。只有当学生愿意倾听时，他

才能真正听到心里去。因此，培养学生的倾听兴趣和克服消极的心理问题，其有很重要的意义。为了激发和提高学生对听力的热情和能力，教师可以试着选择一些脍炙人口的英语歌曲，以及一些其他形式的听力练习。老师可以在上课前几分钟播放学生喜欢的英语歌曲，为将要上的英语课创造一种氛围，让学生们感受到东西方不同音乐的美，也可以感受到语言在音乐中产生的美，可谓一箭双雕。

（二）做好日常工作，加强基础语言培训

1. 词汇和阅读量的积累是听力理解的根基。首先，要严格对音标做好标记。其次，注重阅读能力的培养和大声朗读文章的习惯。老师应该要求学生们多阅读，多背诵，多听课本以外的听力材料来培养正确的语感。再次，正确引导学生记住单词，并明白词汇的积累是任何语言学习的基础。老师应该教学生一些快速有效积累单词的方法，如分类化记忆、词根词缀记忆法和联系记忆方法等。在这个过程中，要注意在记忆单词的过程中不管是一个词还是一个短语，对错误的发音和语调要及时修正，并建立正确的发音体系。在头脑中建立一个正确的语音发音是拥有更好的听力理解的前提。特别要注意的是，当老师大声朗读的时候，学生可以边听边看书，老师在读的同时问一些新单词的问题，然后再读一遍新单词，加深学生对新单词的印象。

2. 日常的口语练习是学生之间最简单的听力训练之一。加强日常听力练习，注重听力的强化效应，听力主要是通过听力练习来训练的。通常情况下老师会让学生尽量听老师的语音语调，让学生在课堂上多听、多说，尽可能多地在课堂上让学生练习使用英语。老师在平时课前安排3-5分钟上课时间让学生用英语做自主对话，自由地聊天，每天问一些简单的问题。例如：假期，天气，爱好等，都是很好的话题。另外让学生在讲台前讲些英语小故事，小笑话，小报告，从这些简单的英语题材来增加学生对英语的乐趣，同时要注意到学生对聆听英语能力的反馈和学习英语的兴趣。

3. 课前对学习内容的预习过程也是培养听力的一个有效途径。首先，教师的日常教学要和学生的听力能力培养结合，教师要尽量用英语组织课堂教

学，创造良好的英语交际环境，使学生在课堂教学中产生潜移默化的影响。其次，在上课前的 5 分钟，让学生们听一些和本单元相关的材料，作为"热身练习"或在本课结束前几分钟安排一些和教学内容有关的听力训练，作为对本单元内容的巩固。最后，做一些同步教材的听力练习，坚持倾听、同步说、同步读和同步写。

（三）掌握英美发音的差异以及模仿课本录音的语音语调

1. 英美发音的不同会干扰学生对听力材料的理解。教师可以充分利用录音机和其他多媒体教学设施，筛选一些来源丰富、清晰的英语听力材料，尽量做到使学生熟悉各种语音音调，特别是英国人和美国人发音的差别。例如，"舞蹈"这个词，英国人的发音是 [daːns]，但美国人的发音是 [dæns]，"不是"这个词英国人经常读为 [nɔt]，而美国人的发音是 [naːt]，尽可能地让学生们比较英美发音的不同之处。在当今中学教科书里，有很多单词有不同的英美发音。遇到这样的情况，老师应该及时提醒、描述和解释，否则学生会因分辨不清而发生发音错误。此外，要创造更多的机会，让学生感受到多样化的发音。为了提高辨析不同发音的能力，可以在课堂上播放不同的外籍人士朗读的材料，也可以让学生在课后听一些 BBC 和 VOA 之类的英语广播，读一些英语短文，文摘，适当地看一些英语电视节目，例如，探索与发现，环球自然等，周末还可以开展英语角等活动，以此来提高学生的英语听说能力。如果学生平时喜欢唱歌，也可以组织学生唱一些脍炙人口的英语歌曲，比如："昨日重现""家乡的路""音乐之声"等，让学生有更多机会和途径接触英语，激发他们学习英语的热情。听力训练应该是一个目标，我们应该注重实效，不能只注重形式，只有注重听力训练的质量，才能有效地提高学生的听力能力。

2. 让学生多听英语课本里文章的相关听力材料，它是地道纯正的英语。现在的课堂条件比以前好多了，英语教科书配备了同步的相关音频文件。所以要充分利用课堂，模仿课本录音，为听力理解奠定坚实的基础。我们可以运用模仿的方法：在教授一个新的对话之前，让学生们先听音频材料里的英语发音，根据发音预测该单词，形成一种预测单词的概念，同时在黑板上写下对应的新单词。接下来，再听一次播放的录音，并模仿录音的语音语调。当然，在下一次课上，还要反复地听，让学生巩固和纠正自己的发音。专心地倾听也是对整篇文章理解的重要组成部分，倾听能够帮助学生快速地概括整段文字的中心思想，通过关键词关键句，来理解文章大意。例如，九年级第 2 单元在讨论有关嫦娥的神话故事部分，在听完一些内容介绍之后，学生们就可以抓住关键词或句子来了解中秋节的来历，习俗和更深层的含义。再次，当我们要求学生注意听语言材料的同时，还应要求学生注意语法中的相关信息，并能在听后对一些重点句子进行简单的复述或听写。例如，八年级上册第 1 单元要求写作有关假期活动文章部分，可针对具体内容的各个方面，请学生回答细节问题。如，作者假期去了哪里？和谁去的？什么时间？作者的感受如何？等等。为了保持学生良好的听力习惯，减少错误率，每次练习后，一定要检查并确保下一阶段的练习能顺利完成。

（四）注重学生听力理解和技巧的培养

1. 听前准备。在听力理解中，事先浏览选项也是提升听力理解的关键，它可以提示所听的内容，所以做听力之前要让学生快速预览一遍题目的选项，它能提示你将听到什么，带着疑问有目的性地去听，就能更快捕捉到相关信息。

2. 边听边记关键信息。听力材料是简短的内容，所以一些名词，地名和人名出现在对话中，无论是否重要，学生应该记在草稿纸上，随时回答问题。

3. 把握重点。学生应该试着理解全文的主要内容，不要试着理解每一个单词，每个短语，否则获取的都是零碎的信息，无法掌握中心思想，容易引起思维停滞，而错过更多的内容，得不偿失。

4. 目前的中学英语教材资源丰富，而且相对接近生活，往往有一些长句子，可以让学生根据自己的理解先简化句子，因此在听力训练里，面对一些长句子，学生经常能捕捉到关键的信息，去思考整个句子，以便更好地理解全文。当老师再读一遍文章时，可以让学生听一下书中的听力材料，然后阅读每篇文章，并将其划分成几个段落让学生使用短句概括段落的中心意思。

（五）阅读理解能力的培养

阅读理解能力和听力都是重要的语言技能，阅读和听力都是输入的过程，二者相辅相成。阅读文本内容不仅是课本内的材料，也包括课外的阅读材料。例如：英语周报是不错的阅读材料来源。另外做一些阅读理解力的训练，也能提高听力能力。通过广泛阅读练习，在阅读过程中，学生不断地运用和巩固语言知识，接受新知识，大量的积累必然产生学习质量的飞跃，学习者知识量积累得越多，学习质量就越高，英语的整体水平也就相应提高，而听力能力正是一个人英语知识综合能力的体现。

（六）听写训练的培养

听写过程需要学生把记忆、理解和运用能力结合在一起，因此听写训练既是输入也是输出。听写是以听为基础，以写作为辅助手段，以听力理解的质量为目的。听写活动中的一系列的期待、预测、分析、综合、推理和判断的过程检测了学生对所听材料进行的再理解，也训练了学生在听音会意之后，根据含义和句法结构去组织句子，再写出来的能力，所以听写的过程是再创造的过程。当朗读整篇文章时，学生应该聚精会神用心倾听，把握文章的内容和要点，就能快速理解文章的内涵。在这个过程中，我们将从记录4至5句话的简略摘要开始。通过这样做，学生们可以大概了解文章的内容并逐步建立起他们的自信。一般来说，听写训练总共分三次进行。第一次，让学生听，不写，让学生记住一些关键词和句子，根据文章的背景资料，快速识别出听力材料大概和哪方面有关。第二次，老师读每句话时，给学生适当的记录句子的时间。当老师第三次朗读时，要求学生检查并改正自己写的句子，查漏补缺，最后做一些相关的练习。

总而言之，每件事都有它的普遍性和特殊性，提高听力技能的基本方法是多听。仅仅只靠练习听力的形式并不一定是提高听力水平的关键因素，形成听力能力的各个方面共同协调发展，才是取得听力进步的关键。由于每个学生的听力能力不同，只有在平时的教学中，一切从实际出发，对每个学生听力能力进行科学的分析，并针对他们听力方面的结构和弱点，制定不同的训练计划，合理进行差别化培训，努力缩小教育差别化，最后共同发展，为学生学习英语夯实基础。不仅如此，教师还需要为学生提供良好的听力材料，确保足够的听力培训，并教授学生有效的方法，有效提高学生的听力水平，帮助他们养成良好的听力习惯，熟练掌握听力技巧。另外，老师还应该帮助学生建立自信，缓解学生的焦虑，使学生对听力理解的恐惧心理压力降到最低，从而在放松和快乐的心态中，增强信心。教师要尽量调动学生的学习热情，将课内课外的学习形式有机结合。同时，研究表明语言是交际的一种工具，听力就是交际的主要形式之一，并且"听说系统"是学习语言的关键，二者缺一不可，相辅相成。因此，在教学中，尽量给学生提供更多练习听力的机会和场合，使他们能够将听和说结合起来。听力教学中，利用一些听的时间，将听说结合，学生因长时间听录音产生疲劳，注意力下降，反应迟缓等问题。而且由于调动了多感官参与学习，因而能达到事半功倍的效果。在平时的教学中，鼓励学生多听多读多练习，尽可能激发学生的听力兴趣。平时加强对学生语言知识的教学，文化背景知识的介绍，以及培养学生良好的听力习惯。总之，听力教学的目的是通过调动各种有效策略来发展学生的听力技能。听力教学的重心是学生参与实践，通过教师的组织、指导、鼓励和培养，综合运用各种教学手段和策略有机结合，充分调动学生各感官参与学习，如此以往，持之以恒，对于今后的英语听力教学就会有一定的帮助和收获。

课后延时服务政策下教师专业能力提升初探①

宋　丽

贵阳市花溪区实验中学

课后延时服务政策实施以来，贵阳市花溪区实验中学积极响应号召，从学生丰富的课后延时服务出发，贯彻落实"双减"精神。学校始终坚持"为每一个学生的美好未来发展奠基"的教育理念，关注学校育人目标、关注学生个体差异、关注学生学习与发展需求，因材施教，以走班制的形式，开展特色课后延时服务活动。特色课后延时服务活动项目由老师根据自身学科特点和特长确定，其中包含影视欣赏、英语舞台剧、体育运动、合唱、管乐、啦啦操等38个项目。学生根据自身特长自愿选择参与，从而丰富了校园文化生活，张扬了学生的个性特征，培养了学生的综合素质。特色课后延时服务不同于第一课堂的学科学习，对教师自身素质提出了更高的要求，教师的专业发展也因此有了更大的提升和发展的平台。

自花溪区实验中学实施特色课后延时服务以来，根据政策的基本要求，在助力学生发展的同时，为教师专业发展搭建了更广阔的平台。教师在统筹课后服务活动的学期安排中提升了教育教学的规划管理能力；在分配教师与学生的活动承担和角色划分中提升了对学生活动的组织能力和与学生的关系

---

① 以贵阳市花溪区实验中学特色课后延时服务为例。

处理能力；在课后服务活动内容的选择和准备中提升了教材的梳理和整合能力；在课后服务活动的开展过程中提升了教育教学反应和把控的能力；在课后服务活动的记录过程中提升了教育教学第一手资料的获取整理能力；在课后服务活动的成果的收集与展示中提升了教师的教育教学科研能力；以课后服务活动为导向，有针对性地参加各级各类的比赛和展览，以促进教师专业发展。

2021 年 8 月 16 日，《贵阳市教育局办公室关于"一校一案"全面落实课后服务工作的通知》明确要求，贵阳开始实行"一校一案"课后服务工作。课后增加至少 2 小时课后服务；实现义务教育学校全覆盖，有需求的学生全覆盖。做好人员调配、服务内容安排、安全管理等各项工作，落实每周五天、每天至少 2 小时的课后服务时间要求，学校不开展课程教学，组织学生参加丰富多彩的校园活动。

"课后服务"政策实施以来，贵阳市花溪区实验中学积极响应号召，面对新的工作要求积极应对，从拓宽学生视野、培养创新精神和实践能力出发，贯彻课后服务工作精神。为学生和教师搭建了具有实验中学特色的走班制课后服务活动平台。在这一平台的加持下，教师专业又得到了哪些发展呢？

一、教育教学的规划管理能力

特色课后延时服务活动，采用固定活动地点、走班制双向选择的模式开展，需要教师进行整体性和长期性规划，在统筹课后服务活动的学期安排中，教师必须提前预设每一阶段的服务目标和服务的预期成果，并形成书面的实施方案和具体计划，在教师规划和统筹的过程中提升了教师教育教学的规划和管理能力。

二、团队建设能力

学生来自不同的班级，因此教师需要时刻关注学生状况和学生发展。管理特色课后延时服务活动就像管理一个班级，牵扯到方方面面，要合理分配教师与学生的活动承担和角色划分。在以学生为主体，充分发挥学生主观能动性，积极调动学生的组织协调能力来开展活动的前提下，教师在其中保持正向引导和方向把控。这样的活动特色对教师的组织管理能力提出了更高的要求，教师不仅要指导学生抱团成一个团队，形成学生自觉、自愿、主动、能动的管理模式，以及学生管理干部递进培养模式，即以"老"带"新"，阶梯型发展的学生管理团队。教师在此工作中提升了对于学生的组织管理能力和与学生的关系处理能力。

三、教学内容梳理和整合能力

特色课后延时服务活动内容的选择和准备是根据教师自身的特点和学科优势，依据国家教材，经过梳理和整合，拓展延伸形成的。既出自教材，又不同于教材，是传统课程的整合与单元化，是日常学习内容的深度的研究性、探究性、实践性的自主学习模式。这就要求教师对于国家级教材和课程标准非常熟悉，可以在梳理教材的过程中依据课程标准进行教材整合、学科整合。在这一过程中促使了教师加强对于教材和课程标准的研究力度，提升了教师学科整合和教材整合的能力。

四、专业先进理论水平能力

特色课后延时服务活动的内容安排要具有研发性和前瞻性，跟上时代的发展，用最前沿的理念来引导和推进活动开展，就要求教师保持在本专业的先进性和理论水平，提升教师把握专业先进理论水平的能力。

五、教育教学应对和把控的能力

在特色课后延时服务活动中，应以学生为主体，教师为辅助开展活动，对于活动的预设、布置、引导、开展、把控、评价等环节对教师的能力提出了更高的要求，在不断地磨合中，教师对于有目标性和成果性的活动的开展会有更多的思路，对于教育教学的应对和把控能力会有所提升。

六、教育教学资料获取和整理能力

在课后服务活动的记录过程中，要求教师每次都以文字、图片、视频和简报的形式记录活动的过程，教师在这一过程中养成书写教育教学案例、论文、资料收集、整理和归纳的职业习惯，这一过程则提升了教育教学第一手资料的获取整理能力。

七、教育教学科研能力

在课后服务活动成果的收集与展示中，教师根据课后服务活动特点，总结教育教学经验，归纳教育教学的路径和方法，申报校本研修项目、各级各类课题。以课后服务活动为依托，实施实践性的项目研究，形成数据和成果，再以成果、路径服务于教育教学，提升教师的教育教学科研能力。

八、辅导及参赛能力

以课后服务活动为对口方向，针对性地参加各级各类的比赛和展览，在比赛和展览中提升教师的对于学生作品的指导能力和自身专业的比赛能力。

"课后服务"政策的实施，丰富了教育形式。教育是国之大计，教育兴则国家兴，教育强则国家强。花溪区实验中学要放眼未来，坚持"为每一个学生的美好未来发展奠基"的教育理念，关注学校教育的发展，致力于让教育面向每一个学生，为每一个学生的全面发展助力；致力于让教育管理面向每一位教师，助力教师的专业发展、能力提升。

初谈培养初中生学习《生物学》兴趣的方法

徐　文

贵阳市花溪区实验中学

生物学是一门研究生命现象和生命活动规律的学科，是农学、林学、医学和环境科学的基础。随着社会的发展，人类文明进程的不断推进，人们生活质量的逐步提高，生物学的作用也日益凸现。人们的生活处处离不开生物学知识。对学生来说，学习生物学、学懂生物学、运用生物学太重要了！

爱因斯坦曾经说过："兴趣是最好的老师。"而此时的初中生正处于兴趣广泛、求知欲旺盛的时期。如何摆脱困境，再现生物学教学的春天？唯一的出路——让学生喜欢生物，想学生物，自觉地学好生物。而想要达到这种境界，教师就必须从学生进入初一第一节课开始，注重激发和培养学生对生物学学习的兴趣，并因势利导，使学生把兴趣转化成乐趣，进而转化成志趣，就能保持学生对生物学学习经久不衰的求知欲。这些年来，我正是本着这一原则，通过教学实践，取得了较好的效果。

一、构建和谐课堂氛围

情感关系是师生心理关系的一个重要方面，它对教学效果有着重大影响。教学过程并不是一个机械地把知识从一个头脑移植到另一个头脑中去的过程，而是一个师生间心灵的接触与交往的过程。因此，融洽的师生情感，可以促使师生间缩短空间、心理距离，产生友好、亲近、共鸣、信赖的效应，真挚的师生情感，是教学中的一种催化剂，能有效地调动学生的积极性，激励学生的自信心和上进心，激发学生的学习兴趣，有利于教学过程的开展和教学效果的提高。

所以，在小升初的第一节生物课堂中，我并没有一开始就介绍生物学的教学内容，而是先作自我介绍，让自己融入学生的生活中，告诉他们，三尺讲台并没有拉远我们的距离，我们是平等的，只是我们的社会分工不同而已。告诉他们，我允许每一个同学犯错，"人，孰能无过"，是人都会犯错，老师也不例外，知错能改善莫大焉。从而打破学生的心理防备、畏惧界限，做到不防备、不排斥我，不会担心自己的小小过失会遭来老师的严厉批评。在之后的教学中，我总是想办法让学生喜欢我，同时点燃他们热爱生物学的火花，并经常关注他们的学习生活情况。初识李洋，她是一个调皮的女生，课堂上总喜欢用各种各样的方法让老师、同学注意她，有时候她的"哗众取宠"让整个课堂无法继续正常的教学。课下跟该班的一些科任老师了解到她在其他课堂上也一样"另类"，因此引起多位老师的反感。鉴于这种情况，我更想多了解她，帮助她。所以我每天放学都和她一起走，跟她聊天，以聊天的方式帮助她改变她，继而和她成了好朋友，每次上课前，她总主动和课代表一起帮我准备实验用品，并期待着上我的课，以至于其他学科的课堂的表现也有了明显进步。可见，师生间情感相互交融、相互激励、相互促进，对提高教学效果有很大的作用。

二、用丰富多样的语言授课，活跃气氛，引发学生兴趣

1.用幽默的语言熏陶。教师的语言表达能力是影响课堂教学效果的重要因素之一，教师应根据教学内容和学生特点，精心设计教学过程，授课时做到时有起伏，快而不乱，慢而不断，高而不喧，低而不闪，时而用学生的语言来逗笑，适当地添加些英语、本地方言调味等，通过幽默地语言来激发学

生思维兴趣。前段时间，初二结业考试将近，枯燥的复习课加以炎热难耐的天气，让每一个学生都像泄了气的皮球一样无精打采，见状，我突发奇想用我们本地语言——"贵普话"刺激一下他们的神经，突然提高声调："请同学们把书翻到最罗巴（最后）一页，我们把最后嘞（最后的）滴滴过（一点点）撒挌（讲完）。"顿时，笑声一片，神经冲动高速传递，同学们瞬间精神大振。随后，我们又重新开始了温故知新的过程。

2. 用高科技知识吸引。介绍试管婴儿、克隆方面的知识，如小羊多莉没有爸爸，只有三个妈妈，那它真正的妈妈是谁呢？做出这样的设问引导学生思考，然后教师再一一介绍，让学生从日常生活里听到的小羊多莉不再陌生，让他们了解生物技术的神奇并非那么深不可知，知道学习生物的必要性和实用性。形象、生动、富有感染力地引导学生学习生物。

3. 用科学家轶事趣导。生物知识的发展，规律的发现与发现的人是密不可分的。在教学中，告诉学生这些人物的高尚品格，思维方式，促进学生对生物知识认识的力度，让学生了解这些知识的发现由来与发展中的人和事分不开。如达尔文的《物种起源》的问世，是经过了漫长而又艰苦的考察研究得来的。孟德尔遗传定律的发现在成功和失败，顺利和挫折的斗争中，以自己坚忍不拔的毅力，为人类的遗传学做出了巨大贡献。这时再告诉他们：老师相信通过他们自己的努力，将来一定也能为人类做出贡献的。这些内容给学生留下了难忘的印象。正如学生所说的"有志者事竟成，我要去拼搏"。

4. 用口诀提高记忆。生物学的一个主要特点是名词和概念繁多、知识零碎、要记忆的东西多，"记不住"是普遍问题，但只要指导得法，仍可使课本上的文字变活，使学生学得活、记得牢。例如：学生通过自己的分析，总结了生物分类有七个等级，而要识记这七个分类等级顺序又很吃力，单位从小到大的排列口诀——生物总属于一个科目，这个科目就是纲门界（种、属、科、目、纲、门、界）——在此时起到了事半功倍的作用。再如：食物里所含的六大营养物质可编成——"唯独没有水，但只有糖。"（维生素、无机盐、水、蛋白质、脂肪、糖类），这样不仅很快记住了六大营养物质，还把供能物质和非供能物质区分开来（逗号前的是非供能物质，逗号后是供能物质），一举两得。

三、运用多种方法组织教学激发学生学习兴趣

在生物教学过程中，仅靠先进的电教手段，是很难把学生的心理调整到最佳状态的。这就要求生物教师采取灵活多样的教学方法组织教学，让学生在活跃、轻松而又热烈的气氛中学习课本知识。

比如直观教学可使知识具体化，便于学生更好地感知、记忆、理解知识。直观性教育的手段可以多种多样，如实物直观，图像直观、模型直观，也可以利用电视、电影、幻灯，还可以现场参观或到大自然中去实践等。对于动植物的形态、结构来说，语言叙述不如实物、标本直接作用于感官所产生的感知那样鲜明、具体、完整。在讲花的结构时，把学生带到校园，分别观察各种花的结构，并找出异同点。讲到昆虫的呼吸系统时，把两只蝗虫同时浸入水中，其中一只身体浸入水中，头部露出水面；另一只头部浸入水中，身体露出水面，观察哪只先死，了解气门的功能。而在了解地球上生命的起源时，根本无法让学生通过亲自的观察或模拟实验来得到生命起源的答案。所以让学生观看《宇宙与人》的录像短片，并结合教材上的科学实验给学生较大的空间去想象、探索，激发了学生对生命科学的兴趣和探索生命起源的积极性。

夸美纽斯说过："兴趣是创造一个快乐和光明的教学环境的主要途径之一。"在生物教学中如果能给学生艺术的享受，让学生感受美、体验美的同时，认同科学蕴涵着美，陶冶情操，教师还应进行一些生动的描述，引用诗句、民谣等。"西湖春色归，春水绿于染。""日出江花红胜火，春来江水绿如蓝。"读着这样的诗句，你一定感受到春天的来临，一定能体会到春天的美丽，在这样的教学氛围中，学生一定对即将学习的生物学知识产生了强烈的求知感。又如，在讲到家蚕的生殖和发育时，通过分析"春蚕到死丝方尽，蜡炬成灰泪始干"有什么不准确的地方并要求修改，让学生在欣赏优美诗句的同时，调节了学生的学习情绪，抓住问题的实质，积极启发学生的思维，

使学生形成准确的生物学知识。

学习兴趣是直接推动学生主动学习的内在动力，它是力求认识客观世界，渴望获得科学文化知识，不断探求真理而带有情绪色彩的意向活动。有兴趣的学习可使学生积极主动、全神贯注、甚至废寝忘食，对知识的掌握会更加迅速牢固。反之，没有丝毫兴趣的强制性学习，将会扼杀学生探求真理的欲望。作为一名教师，要设法去调动他们的兴趣，不断让他们感受学习的乐趣。只有这样"寓教于乐"，才能让学生感受到学习生物不是负担，而是享受，才能加强生物教学效果。因此，如何培养学生的生物兴趣，是教师在教学研究中应永远值得重视的问题。"路漫漫其修远兮，吾将上下而求索！"

情境创设在语文课堂教学中的意义和运用

阎朝军

贵阳市花溪区实验中学

从教学的实际需要出发，设置与教学内容相适应的场景或氛围，以引起学生的情感体验，帮助学生迅速地理解教学内容，促进学生的心理机制全面和谐地发展，这在现代教学理论上认为是情境教学。它是一个以心理活动为基础的情意过程和认知过程。在语文课堂教学中可以利用教材文本，创设出具体的场景或氛围，在具体的场景或氛围里，让学生进行情感体验。也可以借助教学情境与教材情境在意象上的相似性，在相似中把课文的此情此景变为我情我景。促使学生联系实际生活，促进学生轻松且有效地学习。

从知识角度看，情境教学把冷冰冰的知识变为饱含着浓烈情感的知识，便于领会和接受。情境教学是以形象或情感推动学生的认知活动顺利进行，从一定程度讲，这种教学方式降低了教材难度，并且富于形象性和诱惑力。

从学科角度看，语文科为情境教学创造了得天独厚的条件。情境教学离不开"形象"这一重要组成部分，而语文教材从不同角度提供了丰富的形象因素，天然造化的自然美，倾心追求的社会美，巧夺天工的艺术美，乐观向上的时代美，自然景观，社会风貌，人生百态，风土人情，其古今中外人事物景，与情境教学结下了不解之缘。

从教学目标看，有助于三维目标的达成。新的课程标准使教学目标三维化：知识与能力，过程与方法，情感态度和价值观。在情境教学中，因为情与境互为因果，两相依存，在学习过程中，学生学得轻松，因为有情感的介入，有时会有意想不到的效果。同时，不至于使知识目标与情感目标脱节，恰当的情境，有利于塑造美好的心灵，有利于陶冶高尚情操，有利于培养审美意识。

那么，如何在语文课堂教学中创设情境开展情境教学呢？

一、利用文本，创设出具体的场景或氛围

1. 利用多媒体手段进行创造

例如教学《背影》时，为了突破学生对"买橘送别片段"中作者与父亲各自情感的体验，教师把为"买橘送别片段"意境拍摄的视频制作成课件进行展示。对于文章的难点即"作者是怎样描写第二次背影的？表达了作者怎样的思想感情？"学生通过观看视频就可加深理解，教师向学生输入语言信号的同时，还强化了学生的视觉以及思维的参与感。

2. 依据内容，绘图制画

例如讲《沁园春•雪》时，为体会用词的精确，教师随手画了一道长城，两边茫茫白雪。让学生从视觉上感受长城内外，除了茫茫白雪，再无他物。从而体会"惟"这个词是强调雪下得大，雪的覆盖面广。教师一幅粉笔画，"心有灵犀一点通"，情由景生，景源于画，寥寥几笔，便胜却语言无数。

3. 有效地使用课本插图

中学语文课本插图，有说明文的实物示意图，有散文或诗歌的意境图，有小说戏剧的生活原形图，有记录历史风云变幻的珍贵照片。文字与图形相结合，彼此映衬，相互依托，图以文存，文以图解，图文并茂，在教学中可以展示丰富多彩的意境。

4. 场景体验

即把学生带到实体的场景中亲身感受体验。例如讲朱自清的《春》时，师生步入微风细雨之中，学生们吟咏着"像牛毛，像花针，像细丝，密密地斜织着"，人在情景中，置身于美好的春的怀抱，学生不仅真切地感受了春雨的细密柔等特点，而且还激发了学生热爱大自然的情怀，情知并进，一箭双雕。

二、借助教学情境与教材情境把课文的此情此景变为我情我景

1. 片段表演

这种方法适合文学作品的教学。表演可以逼真地再现作品中的情景，使作品中的人物栩栩如生，形象生动，性格鲜明。例如讲《变色龙》时，抓住警官军大衣穿与脱的动作，让学生演示。学生身临其境，不仅可以体会到面对抽象的语言符号欲说不能欲罢难休的心理，而且还可以还他一个"众里寻他千百度，蓦然回首，那人却在灯火阑珊处"的惊喜。

2. 用情朗读

朗读课文，是变"彼情彼景"为"我情我景"的一种重要方式。唯有用情，才能进入角色，理解文章的语脉和精神实质；唯有用情，才能沿作者的感情脉络读下去，体会其中的韵味；唯有用情，才能入境，与文章亲近，最终呈现学生情与文章情的"两情相许"。

表演，朗读，讨论，演讲，说故事，都是情感体验的有效方法。教材是美的天地情的海洋，只要善于挖掘教材中的情感因素，把作者寄予作品中的情感化为自己的情思，就可以利用一切手段传染给学生，让作品与学生发生共振共鸣，就能把教材之外的个人带入作品的情境中。

经实践证明，在语文课堂教学中运用情境创设的做法是提高课堂教学效率的一种有效手段。所以语文教师在课堂教学中应创设各种各样的教学情境，将课堂还给学生，将探索的空间还给学生，把自主的权利还给学生，以促进学生的情感体验，发散学生的思维，从而激发学生的学习兴趣，提高学生的综合素质。